Fabrizio Ruggeri

A1|B1

essere o avere?

ALMA Edizioni

REGOLE E ESERCIZI

Direzione editoriale: Ciro Massimo Naddeo
Redazione: Chiara Sandri
Copertina: Lucia Cesarone
Progetto grafico: Lucia Cesarone
Impaginazione: Enrica Fantoni
Illustrazioni: Roberto Ghizzo

Printed in Italy
ISBN 978-88-6182-551-2
Prima edizione: marzo 2018

Fonti iconografiche

pagina 68: solarseven/123RF, venimo /123RF
pagina 77: Ekaterina Belova/123RF
pagina 82: Лучия Постикэ/123RF, Andrii Shevchuk/123RF

ALMA Edizioni
via Bonifacio Lupi, 7
50129 Firenze
info@almaedizioni.it
www.almaedizioni.it

Bibliografia

G. PATOTA, *Grammatica di riferimento della lingua italiana per stranieri*, Roma-Firenze, Società Dante Alighieri-Le Monnier, 2003
A. SENSINI, *La grammatica della lingua italiana*, Milano, Mondadori, 1999
L. SERIANNI - A. CASTELVECCHI, *Italiano*, Milano, Garzanti Editore, 1997
M. DARDANO - P. TRIFONE, *La nuova grammatica della lingua italiana*, Bologna, Zanichelli, 1995

Riferimenti web

Enciclopedia Treccani ▶ *www.treccani.it/enciclopedia*
Accademia della Crusca ▶ *www.accademiadellacrusca.it*
Corpus e lessico di frequenza dell'italiano scritto (CoLFIS) ▶ *linguistica.sns.it/CoLFIS*
Scudit Scuola d'italiano ▶ *www.scudit.net*
Aula di lingue Zanichelli ▶ *aulalingue.scuola.zanichelli.it*
Due parole ▶ *www.dueparole.it*
Dizy - dizionario pratico ▶ *www.dizy.com*
Wikizionario ▶ *it.wiktionary.org*
ALMA.tv ▶ *www.almaedizioni.it/it/almatv*
Crusca scuola ▶ *www.cruscascuola.it*

La lingua italiana, se la si vuole conoscere a fondo e si vuole parlare e scrivere correttamente, presenta aspetti grammaticali che possono generare dubbi o confusione. Uno di questi è senz'altro **la scelta del verbo ausiliare corretto** nei tempi composti.

*Quando si usa **essere** e quando si usa **avere**?*
Quando si possono usare entrambi e come cambia il significato della frase a seconda della scelta?
Come funziona la concordanza dei pronomi complemento con il participio passato?
E la posizione degli avverbi o l'uso dei verbi modali al passato prossimo?

Questi aspetti, e altri ancora, sono alla base di questo libro che è pensato per studenti d'italiano di livello A2 – B1, ma che può essere usato già alla fine di un corso di livello A1.

Ogni capitolo inizia con una breve parte teorica accompagnata da frasi di esempio a cui seguono esercizi relativi al tema trattato.

Essere o avere? può essere usato seguendo il filo che unisce le varie sezioni (dal facile inizio alla più complessa sezione finale), ma anche per rinforzare o approfondire aspetti specifici del passato prossimo, lavorando con i materiali dei singoli capitoli.

La parte teorica attinge a testi e pagine web che riteniamo essere tra i più autorevoli nel campo della grammatica italiana e che pensiamo possano testimoniare l'attendibilità di quanto scritto.

Ringrazio Ciro Massimo Naddeo per la lusinghiera proposta che è alla base di questo libro. Grazie anche alla redazione di ALMA Edizioni che, specialmente nella persona di Chiara Sandri, ha contribuito con consigli, commenti e tanta pazienza a migliorare la qualità dei testi e degli esercizi. Sono specialmente riconoscente a Stefania Ruggeri per le informazioni, gli stimoli e le riflessioni che sono alla base di molti esercizi del libro. Infine, la mia gratitudine va a chi userà questo libro per conoscere e usare ancora meglio quella che per me è la lingua più bella del mondo: la mia lingua, l'italiano.

L'autore

indice

I tempi composti

I tempi composti si formano con gli ausiliari ***essere*** o ***avere*** + il **participio passato** del verbo. L'ausiliare, nelle sue diverse forme, indica il tempo dell'azione e segnala anche il numero (singolare o plurale) del soggetto. Il participio passato, a volte, segnala il numero e il genere (maschile o femminile) del soggetto.

	INDICATIVO PASSATO PROSSIMO		INDICATIVO TRAPASSATO PROSSIMO	
io	ho mangiato	sono andato/andata	avevo mangiato	ero andato/andata
tu	hai mangiato	sei andato/andata	avevi mangiato	eri andato/andata
lui/lei/Lei	ha mangiato	è andato/andata	aveva mangiato	era andato/andata
noi	abbiamo mangiato	siamo andati/andate	avevamo mangiato	eravamo andati/andate
voi	avete mangiato	siete andati/andate	avevate mangiato	eravate andati/andate
loro	hanno mangiato	sono andati/andate	avevano mangiato	erano andati/andate

	INDICATIVO TRAPASSATO REMOTO		INDICATIVO FUTURO ANTERIORE	
io	ebbi mangiato	fui andato/andata	avrò mangiato	sarò andato/andata
tu	avesti mangiato	fosti andato/andata	avrai mangiato	sarai andato/andata
lui/lei/Lei	ebbe mangiato	fu andato/andata	avrà mangiato	sarà andato/andata
noi	avemmo mangiato	fummo andati/andate	avremo mangiato	saremo andati/andate
voi	aveste mangiato	foste andati/andate	avrete mangiato	sarete andati/andate
loro	ebbero mangiato	furono andati/andate	avranno mangiato	saranno andati/andate

	CONGIUNTIVO PASSATO		CONGIUNTIVO TRAPASSATO	
io	abbia mangiato	sia andato/andata	avessi mangiato	fossi andato/andata
tu	abbia mangiato	sia andato/andata	avessi mangiato	fossi andato/andata
lui/lei/Lei	abbia mangiato	sia andato/andata	avesse mangiato	fosse andato/andata
noi	abbiamo mangiato	siamo andati/andate	avessimo mangiato	fossimo andati/andate
voi	abbiate mangiato	siate andati/andate	aveste mangiato	foste andati/andate
loro	abbiano mangiato	siano andati/andate	avessero mangiato	fossero andati/andate

	CONDIZIONALE PASSATO	
io	avrei mangiato	sarei andato/andata
tu	avresti mangiato	saresti andato/andata
lui/lei/Lei	avrebbe mangiato	sarebbe andato/andata
noi	avremmo mangiato	saremmo stati/state
voi	avreste mangiato	sareste stati/state
loro	avrebbero mangiato	sarebbero stati/state

GERUNDIO PASSATO		
avendo mangiato	essendo	andato/andata andati/andate

INFINITO PASSATO		
avere mangiato	essere	andato/andata andati/andate

I tempi composti. Verbi transitivi e intransitivi

In questo testo si prende in considerazione il **passato prossimo** come **modello di riferimento** per tutti gli altri tempi composti.

Per formare il passato prossimo i verbi ausiliari ***essere*** e ***avere*** sono coniugati al presente indicativo e sono accompagnati dal participio passato.

	ESSERE	AVERE
io	sono	ho
tu	sei	hai
lui/lei/Lei	è	ha
noi	siamo	abbiamo
voi	siete	avete
loro	sono	hanno

Il participio passato dei verbi regolari si forma sostituendo il suffisso ***-are***, ***-ere***, ***-ire*** dell'infinito con ***-ato***, ***-uto***, ***-ito***.

INFINITO				PARTICIPIO PASSATO
studiare	+	ato	→	studi**ato**
vendere	+	uto	→	vend**uto**
dormire	+	ito	→	dorm**ito**

In alcuni casi il participio passato ha una forma irregolare, soprattutto nei verbi in ***-ire***.
Per approfondire vedi i capitoli 2 e 3 e le tabelle a pagina 96.

INFINITO	PARTICIPIO PASSATO
aprire	aperto
chiudere	chiuso
dire	detto
essere	stato
fare	fatto
leggere	letto
vedere	visto

Verbi che all'indicativo presente sono irregolari possono avere il participio passato regolare.
È il caso del verbo *avere*: irregolare al presente indicativo ma con il participio passato regolare (*avuto*). Anche *andare* e *salire*, irregolari al presente indicativo, hanno il participio passato regolare (*andato* e *salito*).

INFINITO	PARTICIPIO PASSATO
and**are**	and**ato**
av**ere**	av**uto**
sal**ire**	sal**ito**

Verbi transitivi e intransitivi

Per la scelta dell'ausiliare dei tempi composti può essere utile sapere se un verbo è transitivo o intransitivo.

Per sapere se un verbo è transitivo o intransitivo (ricordando però che la regola ha **numerose eccezioni**), è utile verificare se il verbo risponde in modo logico alla domanda *Chi?* o *Che cosa?* con il complemento oggetto espresso in modo esplicito o implicito.

Se è possibile rispondere alla domanda, il verbo è transitivo. Se, invece, il verbo risponde ad altre domande, per esempio *A chi? Con chi?, Quando?, Dove?, Per dove, Da dove?, Quanto?*, ecc., il verbo può essere intransitivo.

IO **GUARDO** (verbo *guardare*) → Posso dire: **CHI?** o **CHE COSA?** guardo? → **SÌ** (guardo CHI? mia figlia, Claudia, ecc; CHE COSA? le stelle, la partita, ecc.) → il verbo è **TRANSITIVO**

IO **VADO** (verbo *andare*) → Posso dire: **CHI?** o **CHE COSA** vado? → **NO** (posso solo dire QUANDO vado, CON CHI vado, DOVE vado, ecc.) → il verbo è **INTRANSITIVO**

In modo schematico si può dire che con i verbi **transitivi** si usa l'ausiliare ***avere*** e con i verbi **intransitivi** si usa l'ausiliare ***essere***.

VERBI TRANSITIVI

INFINITO	PRESENTE	PASSATO PROSSIMO
guardare	Guardo (Che cosa?) la partita.	Ho guardato la partita.
parlare	Parli (Che cosa?) l'inglese.	Hai parlato l'inglese.
prendere	Prendono (Che cosa?) il treno.	Hanno preso il treno.
vedere	Vediamo (Chi?) il mio fidanzato.	Abbiamo visto il mio fidanzato.
ascoltare	Ascoltano (Che cosa?) la musica.	Hanno ascoltato la musica.
votare	Votate (Chi?) il migliore.	Avete votato il migliore.

VERBI INTRANSITIVI

INFINITO	PRESENTE	PASSATO PROSSIMO
andare	Vado (~~Chi? Che cosa?~~ Dove?) in Francia.	Sono andato in Francia.
stare	Stai (~~Chi? Che cosa?~~ Dove?) a casa mia.	Sei stato a casa mia.
partire	Parte (~~Chi? Che cosa?~~ Per dove?) per Napoli.	È partita per Napoli.
tornare	Tornate (~~Chi? Che cosa?~~ Da dove?) dal cinema.	Siete tornati dal cinema.
restare	Restano (~~Chi? Che cosa?~~ Con chi?) con te.	Sono restate con te.
venire	Venite (~~Chi? Che cosa?~~ Quando?) dopo cena.	Siete venuti dopo cena.

A volte uno stesso verbo si può usare sia in modo **transitivo** (con l'oggetto diretto espresso esplicitamente o implicitamente) che in modo **intransitivo**.

Per approfondire vedi il capitolo 4 e la tabella a pagina 97.

esercizi

1. Transitivo o intransitivo?

*Segna (✓) se il verbo è transitivo **T** o intransitivo **I**, come negli esempi.*

	T	I
1. Loro comprano (Che cosa?) un computer.	✓	I
2. Questa sera restiamo (Dove?) a casa.	T	✓
3. Il gatto esce (Da dove?) da casa.	T	I
4. Noi scriviamo (Che cosa?) tre romanzi.	T	I
5. Giulia va (Dove?) al mare.	T	I
6. Il professore ama (Chi?) la preside.	T	I
7. Io e Diego partiamo (Per dove?) per Londra.	T	I
8. Oggi ballo (Che cosa?) un valzer.	T	I
9. John viene (Da dove?) dall'Inghilterra.	T	I
10. Sophie arriva (Quando?) questa sera.	T	I

2. Essere o avere?

*Completa le frasi con l'ausiliare **essere** o **avere**, come negli esempi. Ricorda sempre di verificare se il verbo risponde alla domanda "Chi?" o "Che cosa?".*

1. Loro __hanno__ comprato un computer.
2. Noi __siamo__ restati a casa.
3. Il gatto ____________________ uscito da casa.
4. Noi ____________________ scritto tre romanzi.
5. Giulia ____________________ andata al mare.
6. Il professore ____________________ amato la preside.
7. Io e Diego ____________________ partiti per Londra.
8. Oggi io ____________________ ballato un valzer.
9. John ____________________ venuto dall'Inghilterra.
10. Sophie ____________________ arrivata questa sera.

3. Transitivo o intransitivo?

Inserisci le frasi nei riquadri secondo le informazioni che forniscono, come nell'esempio. Le frasi non sono in ordine.

~~Io arrivo con il treno.~~ | Lui compra una bella casa. | Tu non capisci la lezione.
Noi torniamo a casa tardi. | Paolo esce con mia sorella. | Lei mangia tutta la pizza.
Carla parte per l'America. | Voi fate una bella festa.

VERBI INTRANSITIVI	VERBI TRANSITIVI
Con che cosa? Io arrivo con il treno.	Che cosa? ______
Con chi? ______	Che cosa? ______
Per dove? ______	Che cosa? ______
Quando? ______	Che cosa? ______

4. Essere o avere?

*Completa le frasi con l'ausiliare **essere** o **avere**, come nell'esempio.*

1. Io sono arrivato con il treno.
2. Lui ______ comprato una casa.
3. Tu non ______ capito la lezione.
4. Voi ______ fatto una bella festa.
5. Paolo ______ uscito con mia sorella.
6. Lei ______ mangiato la pizza.
7. Carla ______ partita per l'America.
8. Noi ______ tornati a casa tardi.

esercizi

5. La Coppa del Mondo

*Completa i verbi nei riquadri con l'ausiliare **essere** o **avere**, come nell'esempio. In alcune caselle sono possibili varie soluzioni.*

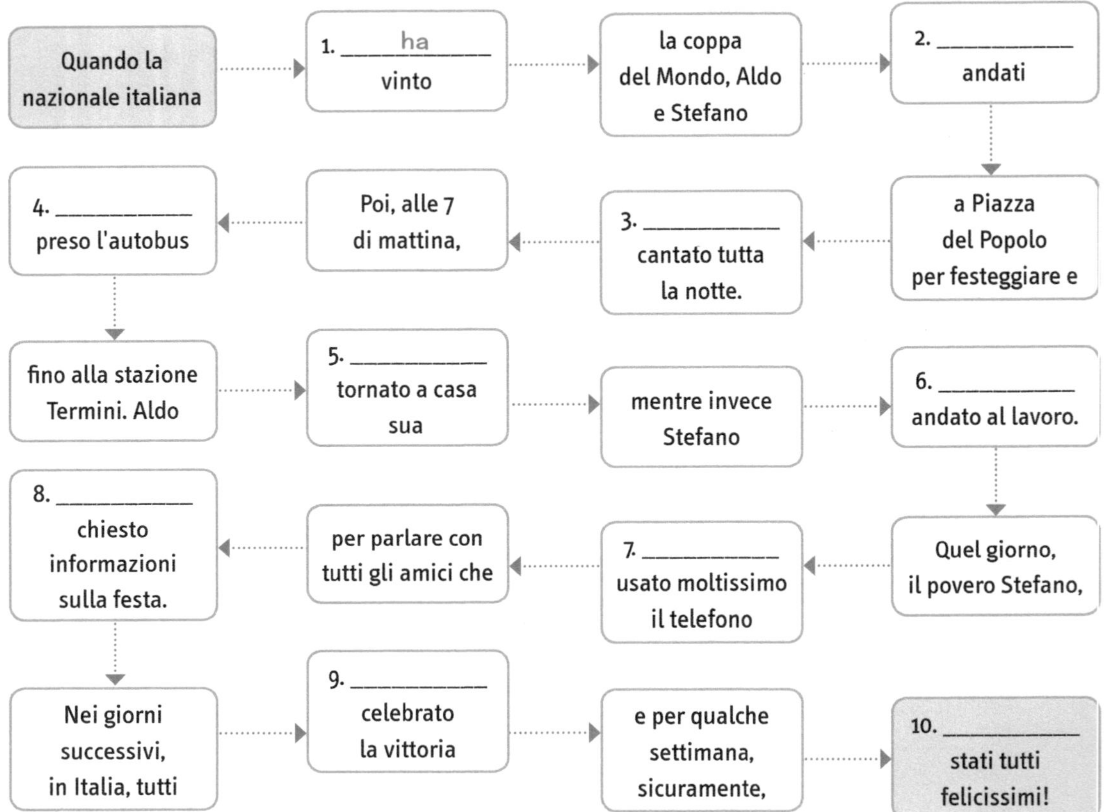

6. Analizza il testo

Analizza i verbi dell'esercizio 5 e completa la tabella, come nell'esempio.

INFINITO	TRANSITIVO	INTRANSITIVO
1. Vincere	✓	
2.		
3.		
4.		
5.		
6.		
7.		
8.		
9.		
10.		

L'ausiliare AVERE

Nel passato prossimo il verbo ausiliare ***avere*** si coniuga al presente indicativo.

La vocale finale del participio è sempre ***-o*** con qualsiasi genere (maschile e femminile) e numero (singolare e plurale) del soggetto.

Il participio passato, quindi, è invariabile.

SOGGETTO	AUSILIARE	PARTICIPIO
io		
io	ho	mangiatO
tu		
tu	hai	mangiatO
lui/lei/Lei*	ha	mangiatO
noi		
noi	abbiamo	mangiatO
voi		
voi	avete	mangiatO
loro		
loro	hanno	mangiatO

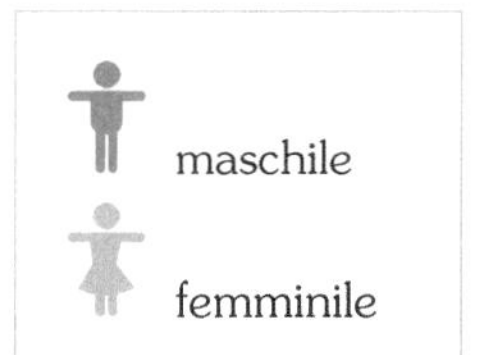

Lei * = Pronome soggetto, formale, terza persona singolare, maschile e femminile.

- Ieri ( ) **ho mangiato** solo frutta e verdura.
- Carlo ( ), **hai mangiato** la pizza?
- Katia ( ), perché ieri non **hai mangiato** niente?
- Signor Paolini ( ), perché **ha mangiato** così poco?
- Signora Ferreras ( ), cosa **ha mangiato** a pranzo?
- Massimo e Paolo ( ) non **hanno mangiato** con noi.
- Io e Chiara ( ) **abbiamo mangiato** molto gelato.
- Paolo e Chiara ( ) non **hanno** mai **mangiato** il sushi.

Vogliono l'ausiliare AVERE...

▶ tutti i verbi transitivi (tranne i verbi riflessivi che vogliono sempre l'ausiliare **essere**).

PRESENTE		PASSATO PROSSIMO
Anna legge un bel libro.	→	Anna ha letto un bel libro.
Io bevo una birra.	→	Io ho bevuto una birra.
Fabio e Stefi incontrano Paola.	→	Fabio e Stefi hanno incontrato Paola.
Tua moglie fa la pizza?	→	Tua moglie ha fatto la pizza?

▶ i verbi che indicano un'attività fisica o sportiva con movimento volontario e controllato: *ballare*, *camminare*, *passeggiare*, ecc.

Io e Frank balliamo molto.	→	Io e Frank abbiamo ballato molto.
Paul cammina poco.	→	Paul ha camminato poco.
I miei figli passeggiano nel parco.	→	I miei figli hanno passeggiato nel parco.

▶ alcuni verbi intransitivi come *dormire*, *giocare*, *riposare*, ecc.

Paolo dorme a casa.	→	Paolo ha dormito a casa.
Loro giocano a carte.	→	Loro hanno giocato a carte.
Il fine settimana riposo.	→	Il fine settimana ho riposato.

E inoltre...

▶ ***Averci*** è composto dal verbo ***avere*** + la particella ***ci***. Si usa insieme a un pronome diretto. Per approfondire vedi il capitolo 7.

■ Hai una Ferrari? • No, non **ce l'ho**.	→	■ Hai mai avuto una Ferrari? • No, non **ce l'ho** mai **avuta**.
■ Ragazzi, avete l'influenza? • No, non **ce l'abbiamo**.	→	■ Ragazzi, avete avuto l'influenza? • No, non **ce l'abbiamo avuta**.

▶ ***Avercela*** è composto dal verbo ***avere*** + la particella ***ci*** + il pronome ***la***. Significa *essere arrabbiato con qualcuno*.

Paola ce l'ha (= è arrabbiata) con Giulio.	→	Paola **ce l'ha avuta** (= è stata arrabbiata) con Giulio, ma ora va tutto bene.

PARTICIPI PASSATI IRREGOLARI – AUSILIARE AVERE

Principali verbi con participio passato irregolare usati solo con l'ausiliare ***avere***.

INFINITO	PARTICIPIO	INFINITO	PARTICIPIO
accendere	acceso	leggere	letto
aprire	aperto	mettere	messo
chiedere	chiesto	prendere	preso
chiudere	chiuso	rispondere	risposto
conoscere	conosciuto	scrivere	scritto
dire	detto	spegnere	spento
fare	fatto	vedere	visto/veduto

▶ Altri verbi alle pagine 96 e 97

1. Segui la regola

Coniuga i verbi, come nell'esempio. Tutti i verbi hanno il participio passato regolare.

PARLARE

io	ho parlato
tu	____________
lui / lei / Lei	____________
noi	____________
voi	____________
loro	____________

ABITARE

io	____________
tu	____________
lui / lei / Lei	____________
noi	____________
voi	____________
loro	____________

SAPERE

io	____________
tu	____________
lui / lei / Lei	____________
noi	____________
voi	____________
loro	____________

CREDERE

io	____________
tu	____________
lui / lei / Lei	____________
noi	____________
voi	____________
loro	____________

SENTIRE

io	____________
tu	____________
lui / lei / Lei	____________
noi	____________
voi	____________
loro	____________

CAPIRE

io	____________
tu	____________
lui / lei / Lei	____________
noi	____________
voi	____________
loro	____________

2. Non seguire la regola

Coniuga i verbi, come nell'esempio. Tutti i verbi hanno il participio passato irregolare.

FARE

io	ho fatto
tu	________________
lui / lei / Lei	________________
noi	________________
voi	________________
loro	________________

CHIEDERE

io	________________
tu	________________
lui / lei / Lei	________________
noi	________________
voi	________________
loro	________________

METTERE

io	________________
tu	________________
lui / lei / Lei	________________
noi	________________
voi	________________
loro	________________

DIRE

io	________________
tu	________________
lui / lei / Lei	________________
noi	________________
voi	________________
loro	________________

APRIRE

io	________________
tu	________________
lui / lei / Lei	________________
noi	________________
voi	________________
loro	________________

CHIUDERE

io	________________
tu	________________
lui / lei / Lei	________________
noi	________________
voi	________________
loro	________________

ACCENDERE

io	________________
tu	________________
lui / lei / Lei	________________
noi	________________
voi	________________
loro	________________

PRENDERE

io	________________
tu	________________
lui / lei / Lei	________________
noi	________________
voi	________________
loro	________________

3. I participi nascosti

*Trova i **participi passati irregolari** dei verbi e completa la tabella, come nell'esempio. Possono essere in orizzontale →, verticale ↓, obliquo verso il basso ↘.*

Q	F	P	E	R	S	O	X	C	C	G	W	R	A	M	I	N	L
D	E	T	T	O	Y	C	I	J	H	W	S	N	P	D	T	P	E
F	Z	O	F	S	R	C	H	D	X	I	J	C	E	J	S	F	T
M	E	S	S	O	I	U	O	I	J	W	U	Z	R	L	N	M	T
S	R	C	T	A	S	H	K	H	E	Q	C	S	T	I	K	S	O
P	K	X	Z	C	P	R	A	V	G	S	P	G	O	O	T	T	W
E	F	K	W	C	O	D	V	G	K	A	T	O	A	K	V	T	S
N	A	Y	A	E	S	N	I	U	I	U	S	O	L	L	U	D	O
T	T	L	M	S	T	D	S	B	Q	D	U	G	D	K	T	A	D
O	T	T	K	O	O	Z	T	K	P	R	E	S	O	Q	S	P	Q
T	O	G	W	Z	D	C	O	F	Y	R	U	L	X	D	B	O	K
C	O	N	O	S	C	I	U	T	O	W	Q	L	I	V	W	X	F

1. mettere messo
2. chiedere ___________
3. dire ___________
4. leggere ___________
5. chiudere ___________
6. prendere ___________
7. accendere ___________
8. aprire ___________
9. vedere ___________
10. conoscere ___________
11. scrivere ___________
12. spegnere ___________
13. perdere ___________
14. fare ___________
15. rispondere ___________

4. Fai pratica

Scrivi una frase con i participi passati dell'esercizio 3, come nell'esempio.

1. Hai messo a posto la tua stanza?
2. ___________________________
3. ___________________________
4. ___________________________
5. ___________________________
6. ___________________________
7. ___________________________
8. ___________________________
9. ___________________________
10. ___________________________
11. ___________________________
12. ___________________________
13. ___________________________
14. ___________________________
15. ___________________________

5. L'infinito corrispondente

Collega le frasi con l'infinito corrispondente dei verbi, come nell'esempio.

1. Abbiamo parlato tutto il giorno. → d	a. smettere
2. Ho cotto la pasta troppo a lungo.	b. dormire
3. Ho perso il mio libro.	c. cuocere
4. Hanno vinto la partita.	d. parlare
5. Hai risposto alla sua mail?	e. cantare
6. Ha smesso di fumare.	f. portare
7. Avete cantato proprio bene!	g. vendere
8. Abbiamo dormito poco.	h. perdere
9. Hai venduto la tua macchina?	i. rispondere
10. Ho portato un dolce al professore.	l. vincere

6. Tutto a posto

Riordina le parole e aggiungi il soggetto, come nell'esempio.

1. i biglietti | al cinema? | per andare | comprato | Avete
   Voi ___ Avete comprato i biglietti per andare al cinema?
2. cenato | caro | buonissimo | Abbiamo | ma | in un ristorante
   ______ ______________________________
3. Quest'anno | non ha | libri | molti | letto
   ______ ______________________________
4. una festa | fatto | divertente | gente | con | Hanno
   ______ ______________________________
5. telefonato | tuoi | amici | ai? | Hai
   ______ ______________________________
6. giorni | benissimo | Negli | riposato | ultimi | ho
   ______ ______________________________

7. A B C, la frase si forma così

Collega soggetto (A), verbo (B) e complemento (C) e forma una frase. Scrivi le soluzioni sotto, come nell'esempio. Sono possibili varie soluzioni.

A ▶ SOGGETTO	B ▶ VERBO	C ▶ COMPLEMENTO
1. Io	1. non ha mai conosciuto	1. una persona famosa.
2. Alessandro	2. non ha mai cucinato	2. fino a 70 anni.
3. I miei genitori	3. hai comprato	3. sempre in una grande città.
4. Fabio	4. ha lasciato	4. la pizza?
5. Paola,	5. abbiamo bevuto	5. la finestra aperta.
6. Massimo	6. non ho mai dormito	6. un po' troppo ieri sera.
7. Io e Carlo	7. abbiamo fatto	7. follemente qualcuno?
8. Marina,	8. non hanno studiato	8. niente in vita sua.
9. Io	9. hai letto	9. per niente.
10. I miei studenti	10. ho abitato	10. l'ultimo libro di Montalbano?
11. Paolo,	11. hanno lavorato	11. tanti viaggi insieme.
12. Io e Giulia	12. hai mai amato	12. all'aperto.

SOLUZIONI

A1 ______	A5 ______	A9 ______
A2 ______	A6 ______	A10 ______
A3 – B11 – C2	A7 ______	A11 ______
A4 ______	A8 ______	A12 ______

esercizi

8. La parola misteriosa

*Sottolinea nei testi i verbi al **passato prossimo** e scrivi l'infinito nelle caselle, come nell'esempio. Le iniziali dei verbi ti daranno la parola misteriosa.*

a. Quando ho preso la patente di guida ho invitato i miei amici a fare un giro in macchina e prendere un caffè con me. Per la gioia, ho zigzagato al volante per le strade e al bar ho zuccherato il caffè con gelato e doppia panna! E la sera, per festeggiare, doppia razione del piatto che ho amato fin da piccolo, la ________________!

P	R	E	N	D	E	R	E

b. La squadra che ha vinto il campionato NBA lo scorso anno ha indossato una maglietta di questo colore. I registi e gli attori lo hanno sempre odiato. Quando ha lanciato una canzone con questo colore nel titolo, un cantante americano ha avuto successo in tutto il mondo. È il colore ________________

9. Dai l'esempio

Scrivi il participio passato del verbo e scrivi una frase, come nell'esempio.

INFINITO	PARTICIPIO	FRASE
1. MANGIARE	mangiato	Io ho mangiato tutta la zuppa.
2. SCEGLIERE		Noi
3. SPEGNERE		Lei
4. VINCERE		Tu
5. PIANGERE		Voi
6. DORMIRE		Loro
7. RIDERE		Io
8. SENTIRE		Lei
9. CAMMINARE		Loro
10. TOGLIERE		Lui

10. I cerchi creativi

Coniuga il verbo al passato prossimo e aggiungi l'articolo (determinativo o indeterminativo) prima del complemento oggetto, come nell'esempio.

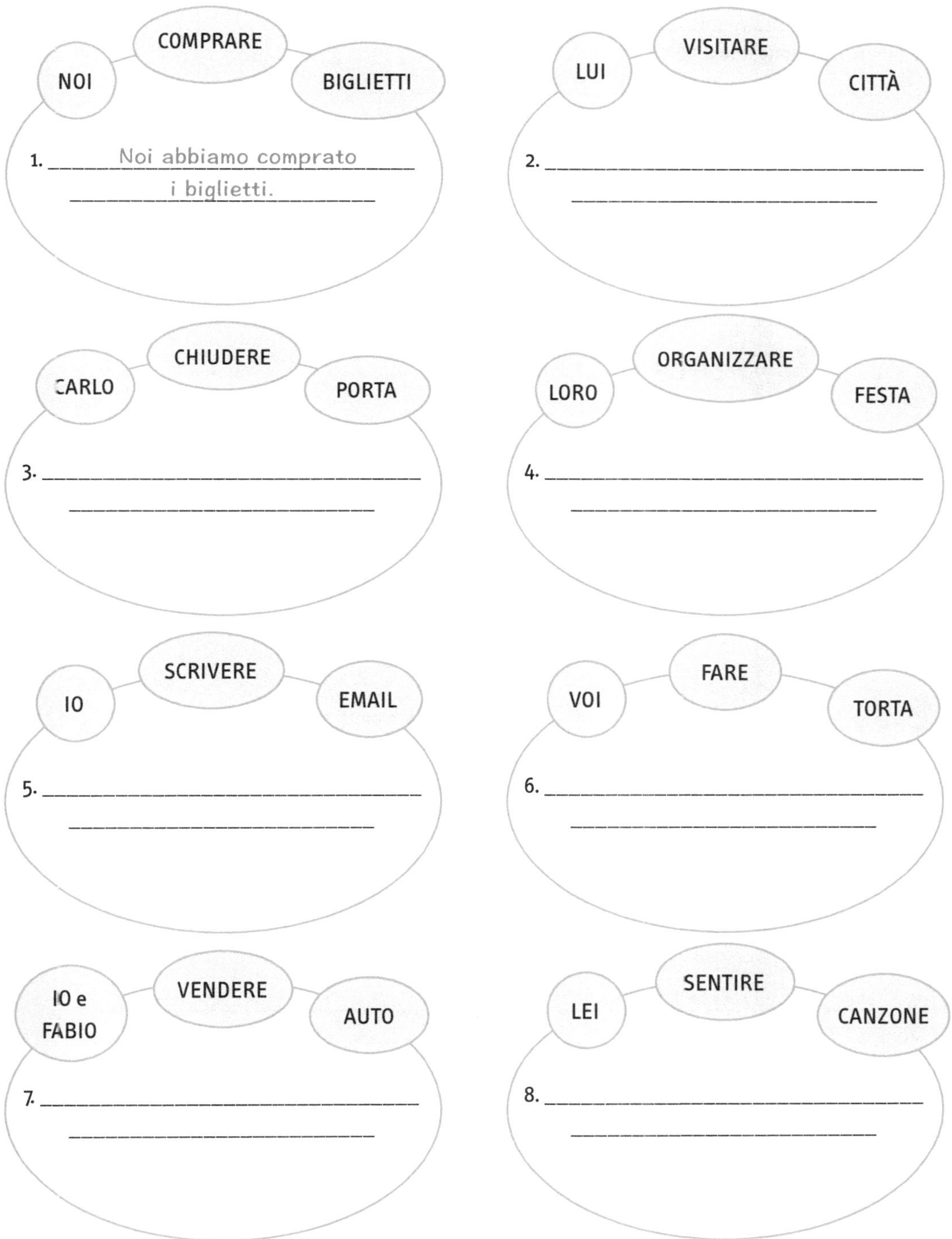

11. Una giornata con il Signor Ausi

Forma delle frasi al passato prossimo (prima persona singolare – Io), come nell'esempio.

1. Oggi dormire fino alle 7:00
   Oggi ho dormito fino alle 7:00.
2. Fare colazione alle 8:00.
   ____
3. Prendere la metropolitana alle 9:00 per andare in ufficio.
   ____

4. Fare una pausa alle 14:00 e pranzare in un ristorante.
   ____
5. Finire di lavorare alle 19:00 e poi fare la spesa.
   ____

6. Cenare con degli amici e parlare di tante cose.
   ____
7. Bere un gin tonic.
   ____

8. Dormire e fare molti sogni.
   ____

12. Una giornata con i Signori Ausi e Liare

Riscrivi le frasi dell'esercizio 11 (prima persona plurale – Noi), come nell'esempio.

1. Oggi abbiamo dormito fino alle 7:00.
2. ______________________________
3. ______________________________
4. ______________________________
5. ______________________________
6. ______________________________
7. ______________________________
8. ______________________________

13. Quali di queste cose?

Cuali di queste cose hai fatto l'anno scorso? Quali non hai fatto? Segui gli esempi.

AZIONI	L'ANNO SCORSO...
1. Leggere molti libri.	Ho letto molti libri.
2. Fare un viaggio all'estero.	Non ho fatto un viaggio all'estero.
3. Visitare un museo d'arte.	
4. Comprare casa.	
5. Prendere l'aereo.	
6. Bere un whisky alle 12:00.	
7. Fare una festa in casa.	
8. Vedere un film di Fellini.	
9. Vincere alla lotteria.	
10. Avere una figlia.	
11. Parlare in inglese.	
12. Ballare una notte intera.	
13. Scrivere una lettera d'amore.	
14. Cantare una canzone francese.	
15. Studiare una lingua straniera.	
16. Invitare a cena un'amica.	
17. Mangiare pasta tutti i giorni.	
18. Bere l'acqua di un fiume.	

14. Quali e perché?

Scegli 8 frasi dell'esercizio 13 e scrivi ***perché*** *hai fatto (o no) quella cosa, come nell'esempio.*

Ho letto molti libri perché ho avuto molto tempo libero.

Non ho fatto un viaggio all'estero perché ho avuto problemi con il Fisco.

15. Un'email da Roma

Completa il testo con il passato prossimo dei verbi tra parentesi.

a Giulia cc ccn

oggetto

messaggio

Cara Giulia,
sono a Roma da quattro mesi perché (io – *avere*) ___________________ una borsa di studio per studiare all'Università "La Sapienza".
Appena arrivato (io – *domandare*) ___________________ all'ufficio Erasmus l'indirizzo di una buona scuola per studiare l'italiano e seguendo il loro consiglio, i primi tre mesi, (io – *studiare*) ___________________ nella scuola del Professor Grammatichini. Frequentare la sua scuola mi (lui – *aiutare*) ___________________ a imparare bene la lingua, (io – *comprendere*) ___________________ molto della cultura italiana ma il primo mese capivo poco perché molti romani, quando parlano fra loro, usano spesso una lingua differente dall'italiano che si ascolta in televisione o alla radio. Quando (io – *chiedere*) ___________________ informazioni su quella lingua i professori della scuola mi (loro – *spiegare*) ___________________ che è un dialetto, il romanesco. Visto che mi piace come suona, (io – *cominciare*) ___________________ a parlare anch'io in dialetto il più possibile e cerco di parlarlo sempre con tutti. Pensa che la scorsa settimana (io – *incontrare*) ___________________ Claudio, un bravissimo insegnante di italiano che (io – *conoscere*) ___________________ due anni fa e (io – *parlare*) ___________________ in romanesco anche con lui! Claudio rideva ogni volta che dicevo una frase in dialetto e alla fine (lui – *chiedere*) ___________________: "Ma dove stai studiando?" Quando (io -*rispondere*) ___________________ che frequentavo i corsi del Professor Grammatichini (lui – *smettere*) ___________________ di ridere e tutto serio (lui – *dire*) ___________________: "Adesso capisco, beh... sei bravo, stai imparando due lingue contemporaneamente!" e (lui – *riprendere*) ___________________ a ridere. Appena torno a Madrid ti faccio sentire qualche espressione in romanesco, ti piacerà sicuramente.

Un abbraccione e a presto.
Ernest

INVIA EMAIL ANNULLA

16. Cambia i soggetti!

Riscrivi il testo dell'esercizio 15 immaginando che, invece di Ernest, chi scrive sono Paola e Francesca. Sottolinea, come nell'esempio, gli elementi che sono cambiati rispetto al testo dell'esercizio 15.

Cara Giulia,
io e Paola siamo a Roma da quattro mesi perché abbiamo avuto una borsa di studio per studiare all'Università "La Sapienza"...

17. Completa con le ultime tre

Completa i participi passati dei verbi con le ultime tre lettere, come nell'esempio.
I verbi non sono in ordine.

studiare | dormire | chiedere | fare | superare | ~~vedere~~ | passare | mettere
aprire | iscrivere | avere | spegnere | dire | conoscere

1. In Francia ho vi s t o molte chiese antiche.
2. Ieri non abbiamo av _ _ _ tempo di passare da voi.
3. Perché non avete fa _ _ _ quello che vi ho de _ _ _ ?
4. Hai studi _ _ _ molto e quindi hai super _ _ _ l'esame con un buon voto.
5. Mia sorella ha pass _ _ _ una settimana al mare con me.
6. Ho iscri _ _ _ mia figlia a un corso di cinese.
7. Hai spe _ _ _ il computer?
8. Ragazzi, cosa avete chie _ _ _ a Babbo Natale?
9. I tuoi figli hanno dorm _ _ _ a casa mia.
10. Fabio ha conosci _ _ _ sua moglie in una chat.
11. Le mie amiche hanno ape _ _ _ un bel ristorante.
12. Hai me _ _ _ la macchina in garage?

18. A domanda risponde

Completa le domande coniugando i verbi al passato prossimo, come nell'esempio.

1. GIOCARE
   ■ Hai giocato a basket quando abitavi a New York?
   ● No, mai, non mi piace lo sport.
2. CUCINARE
   ■ Cosa ____________________ ieri sera?
   ● Ho fatto un po' di pasta al pomodoro.
3. CONOSCERE
   ■ Maria, quando ____________________ quel bel ragazzo?
   ● Un mese fa, a casa di Giulio.
4. SPEGNERE
   ■ Mario, ____________________ la luce prima di uscire?
   ● Sì, sì, non ti preoccupare.
5. STUDIARE
   ■ I vostri genitori ____________________ all'estero?
   ● Sì, nostro padre a Oxford e nostra madre a Harvard.
6. PASSEGGIARE
   ■ Quanto tempo ____________________ nel parco?
   ● Io e Giulia più di due ore, invece Marco solo mezz'ora.
7. PAGARE
   ■ Lucia, quanto ____________________ il biglietto per il concerto?
   ● Più di 50 euro a persona.
8. DORMIRE
   ■ Dove ____________________ in Scozia i tuoi amici?
   ● In un bellissimo albergo vicino a Edimburgo.
9. LEGGERE
   ■ Giulio, in quanto tempo ____________________ quel libro?
   ● In meno di una settimana.
10. CELEBRARE
    ■ Dove ____________________ il tuo compleanno l'anno scorso?
    ● A casa di Giulio e Anna.

L'ausiliare ESSERE

Nel passato prossimo il verbo ausiliare ***essere*** si coniuga al presente indicativo.
La vocale finale del participio concorda con genere (maschile e femminile) e numero (singolare e plurale) del soggetto.
Quindi, se il soggetto è maschile singolare, la vocale finale del participio è ***-o***, se il soggetto è femminile singolare ***-a***, se il soggetto è maschile plurale ***-i***, se il soggetto è femminile plurale ***-e***.

maschile

femminile

SOGGETTO		AUSILIARE	PARTICIPIO
io (maschile)		sono	andatO
io (femminile)			andatA
tu (maschile)		sei	andatO
tu (femminile)			andatA
lui		è	andatO
lei	Lei*		andatA
noi (maschile)		siamo	andatI
noi (femminile)			andatE
voi (maschile)		siete	andatI
voi (femminile)			andatE
loro (maschile)		sono	andatI
loro (femminile)			andatE

Lei * = Pronome soggetto, formale, terza persona singolare, maschile e femminile.

- Io (maschile) sono andatO al cinema.
- Io (femminile) sono andatA al cinema.
- Tu (femminile) sei andatA a casa di Giulio.
- Giulio (maschile) è andatO a casa di Maria.
- Signora Ferreras (femminile), dove è andatA a cena ieri?
- Signor Landi, (maschile) dove è andatO in vacanza?
- Voi (femminile, femminile) siete andatE al bar.
- Loro (femminile, femminile) sono andatE in discoteca da sole.
- Fabio e Claudio (maschile, maschile) sono andatI a Roma.

Se il **soggetto** è **misto** la vocale finale del participio è sempre ***-i***.

- Giulia e Fabio (femminile, maschile) sono andatI a Milano.

3 L'ausiliare ESSERE

Vogliono l'ausiliare ESSERE...

	PRESENTE		PASSATO PROSSIMO
▶ i verbi *essere* e *stare*.	Chiara è molto gentile.	→	Chiara è stata molto gentile.
	Noi stiamo in montagna.	→	Noi siamo stati in montagna.
▶ tutti i verbi riflessivi propri, apparenti e riflessivi reciproci: *pettinarsi*, *lavarsi*, *abbracciarsi*, ecc.	Paolo non si pettina.	→	Paolo non si è pettinato.
	Lei si lava le mani.	→	Lei si è lavata le mani.
	John e Lola si abbracciano.	→	John e Lola si sono abbracciati.
▶ i verbi impersonali: *accadere*, *succedere*, *piacere*, *bastare*, *sembrare*, ecc.	Oggi accade un fatto grave.	→	Oggi è accaduto un fatto grave.
	Non succede niente.	→	Non è successo niente.
	Mi piace stare con te.	→	Mi è piaciuto stare con te.
	I soldi non bastano.	→	I soldi non sono bastati.
	La lezione mi sembra interessante.	→	La lezione mi è sembrata interessante.
▶ tutti i verbi intransitivi pronominali: *vergognarsi*, *arrabbiarsi*, *sbagliarsi*, ecc.	Noi ci vergogniamo molto.	→	Noi ci siamo vergognati molto.
	Io non mi arrabbio.	→	Io non mi sono arrabbiato.
	Ti sbagli.	→	Ti sei sbagliato.
▶ i verbi che indicano uno stato: *essere* (come sinonimo di *stare*), *stare*, *rimanere*, *restare*.	Rimanete a casa?	→	Siete rimaste a casa?
	Resti al mare.	→	Sei restata al mare.
	Oggi sono da lui.	→	Oggi sono stato da lui.
▶ i verbi che indicano movimento da un luogo o verso un luogo: *andare*, *tornare*, *partire*, ecc.	Vado a casa tua.	→	Sono andata a casa tua.
	Tornano da Beirut.	→	Sono tornati da Beirut.
	Parto per Milano.	→	Sono partito per Milano.
▶ i verbi che indicano un cambiamento di stato improvviso e indipendente dalla volontà del soggetto o un movimento fisico non controllato e involontario: *cadere*, *scivolare*, *nascere*, ecc. e i verbi che indicano trasformazione fisica o psicologica: *diventare*, *svenire*, *crescere*, ecc.	Io cado dalle scale.	→	Io sono caduta dalle scale.
	Noi scivoliamo.	→	Noi siamo scivolati.
	Loro nascono a marzo.	→	Loro sono nate a marzo.
	Divento adulto.	→	Sono diventato adulto.
	Cresci in fretta.	→	Sei cresciuta in fretta.

▶ tutti i verbi alla forma passiva.

FORMA ATTIVA

PRESENTE		PASSATO PROSSIMO
Il medico visita mia madre.	→	Il medico ha visitato mia madre.
Claudia fa le foto.	→	Claudia ha fatto le foto.

FORMA PASSIVA

PRESENTE		PASSATO PROSSIMO
Mia madre è / viene visitata dal medico.	→	Mia madre è stata visitata dal medico.
Le foto sono / vengono fatte da Claudia.	→	Le foto sono state fatte da Claudia.

Solo i verbi transitivi che nella forma attiva hanno l'ausiliare ***avere*** possono essere trasformati alla forma passiva, secondo la regola seguente:

- il complemento oggetto del verbo alla forma attiva (*mia madre*, *le foto*) diventa il soggetto della forma passiva
- il soggetto (*il medico*, *Claudia*) diventa il complemento d'agente ed è introdotto dalla preposizione ***da*** + eventuale articolo determinativo (*dal medico*, *da Claudia*)
- l'ausiliare della forma passiva è ***essere*** (a volte si può usare anche ***venire***)
- al passato prossimo si usano due participi passati (il participio passato di *essere* e quello del verbo, per esempio *visitare*, *fare*, ecc.)

▶ alcuni verbi transitivi possono essere seguiti da un pronome riflessivo per esprimere l'affettività e l'intensità dell'azione (*guardare* → *guardarsi*, *fumare* → *fumarsi*, *mangiare* → *mangiarsi*, ecc.).

PRESENTE		PASSATO PROSSIMO
Guardo un bel film.	→	Ho guardato un bel film.
Mi guardo un bel film.	→	Mi sono guardato un bel film.
Fumano una sigaretta.	→	Hanno fumato una sigaretta.
Si fumano una sigaretta.	→	Si sono fumati una sigaretta.
Mangio una torta enorme.	→	Ho mangiato una torta enorme.
Mi mangio una torta enorme.	→	Mi sono mangiata una torta enorme.
Facciamo una bella passeggiata.	→	Abbiamo fatto una bella passeggiata.
Ci facciamo una bella passeggiata.	→	Ci siamo fatti una bella passeggiata.

E inoltre...

Esserci è composto dal verbo ***essere*** + la particella ***ci***. Indica la presenza effettiva o la disponibilità di persone, animali e cose. Può sostituire i verbi *esistere*, *avvenire*, *accadere*, ecc.

PRESENTE		PASSATO PROSSIMO
In Italia ci sono (= esistono) grandi cantanti lirici.	→	In Italia ci sono stati grandi cantanti lirici.
A causa del ghiaccio c'è (= accade) un incidente.	→	A causa del ghiaccio c'è stato un incidente.

PARTICIPIO PASSATO IRREGOLARE – AUSILIARE ESSERE

Principali verbi con participio passato irregolare usati solo con l'ausiliare ***essere***.

INFINITO	PARTICIPIO	INFINITO	PARTICIPIO
accorgersi	accorto	nascere	nato
apparire	apparso	piacere	piaciuto
esistere	esistito	rimanere	rimasto
essere	stato	rinascere	rinato
giungere	giunto	succedere	successo
morire	morto	venire	venuto

▶ Altri verbi alle pagine 96 e 97

1a. Chi fa cosa?

Trascrivi le frasi nella colonna appropriata, come nell'esempio.

1. ~~Sono andato al mare.~~
2. ~~Sono diventati bravi.~~
3. Sei morta di paura.
4. Sei venuto a casa mia.
5. Siamo state a Roma tre giorni.
6. È uscita da sola.
7. Siete arrivati presto.
8. Ci siamo addormentate in treno.
9. Si sono incontrati a Napoli.
10. Mi sono sentita male.
11. Mi sono svegliato presto.
12. Siamo nate nello stesso mese.
13. Mi sono fatto la doccia.
14. Mi sono alzata presto.
15. Sono rimasti al bar.
16. Siete nate nello stesso giorno?
17. Siamo tornate a casa insieme.
18. Siete entrati al cinema.

MASCHILE SINGOLARE	MASCHILE PLURALE
1. Sono andato al mare.	2. Sono diventati bravi.
______	______
______	______
______	______
	______
FEMMINILE SINGOLARE	**FEMMINILE PLURALE**
______	______
______	______
______	______
______	______
	______

1b. Scrivi il soggetto

Scrivi il soggetto delle frasi dell'esercizio 1a, come nell'esempio.

1. Io 2. Loro 3. ______ 4. ______ 5. ______ 6. ______
7. ______ 8. ______ 9. ______ 10. ______ 11. ______ 12. ______
13. ______ 14. ______ 15. ______ 16. ______ 17. ______ 18. ______

2a. Chi fa cosa?

Trascrivi le frasi nella colonna appropriata, come nell'esempio.

1. ~~Si è trasferito in Italia.~~
2. ~~Ci siamo conosciuti poco fa.~~
3. Perché siete rimasti in montagna?
4. Siete restate al bar.
5. Sono rimasta a casa.
6. Siete partite due giorni fa.
7. È caduto dalle scale.
8. Vi siete addormentate alle 3:00.
9. Si è arrabbiata molto.
10. Sei caduta dalle scale.
11. Siamo cresciuti in fretta.
12. Non ti sei svegliato in tempo.
13. Sono partito ieri.
14. Mi sono rilassata in giardino.
15. Si sono fatti la doccia.
16. Si sono annoiate moltissimo.
17. Non sei entrata in casa da sola.
18. Non sei mai stato così bello.

MASCHILE SINGOLARE	MASCHILE PLURALE
1. Si è trasferito in Italia.	2. Ci siamo conosciuti poco fa.
______	______
______	______
______	______
______	
FEMMINILE SINGOLARE	**FEMMINILE PLURALE**
______	______
______	______
______	______
______	______
______	

2b. Scrivi il soggetto

Scrivi il soggetto delle frasi dell'esercizio 2a, come nell'esempio.

1. Lui 2. Noi 3. ______ 4. ______ 5. ______ 6. ______
7. ______ 8. ______ 9. ______ 10. ______ 11. ______ 12. ______
13. ______ 14. ______ 15. ______ 16. ______ 17. ______ 18. ______

3. Guarda il simbolo

Guarda il simbolo e completa il participio passato, come nell'esempio.

1. Sono andat_o_ in montagna con Carla.
2. Ci siamo addormentat___ in autobus.
3. Ti sei trasferit___ in Spagna?
4. Siete stat___ a Milano tre giorni.
5. Siamo nat___ nello stesso anno.
6. Vi siete conosciut___ da bambine e siete ancora amiche!
7. Siete rimast___ al pub fino a tardi?
8. Sono tornat___ a casa da soli.
9. Ti sei sentit___ a disagio con i miei genitori?
10. È restat___ al lavoro fino a tardi.
11. È uscit___ con gli amici di mia moglie.
12. A teatro, ieri, siamo mort___ dal ridere.

4. Da attiva a passiva

Trasforma le frasi dalla forma attiva a quella passiva, come nell'esempio.

	FORMA ATTIVA	FORMA PASSIVA
1.	Paola ha fatto la torta al caffè.	La torta al caffè è stata fatta da Paola.
2.	I miei genitori hanno pulito la casa.	___
3.	Mio marito ha stirato tutte le camicie.	___
4.	Il mio capo mi ha mandato in missione a Tokio.	___
5.	Fabio ha comprato le birre per la cena.	___
6.	Lucia ha preso tutti i miei vestiti più belli.	___
7.	Leonardo ha dipinto La Gioconda.	___
8.	I miei amici hanno organizzato la festa del mio compleanno.	___

esercizi

5. Tutto a posto

Coniuga i verbi secondo il simbolo, come negli esempi.

1. ENTRARE

Io	sono entrato	Io	sono entrata
Tu	___	Tu	___
Lui	___	Lei	___
Noi	___	Noi	___
Voi	___	Voi	___
Loro	___	Loro	___

Io e Franca ___

2. CADERE

Io	___	Io	___
Tu	___	Tu	___
Lui	___	Lei	___
Noi	___	Noi	___
Voi	___	Voi	___
Loro	___	Loro	___

Tu e Chiara ___

3. USCIRE

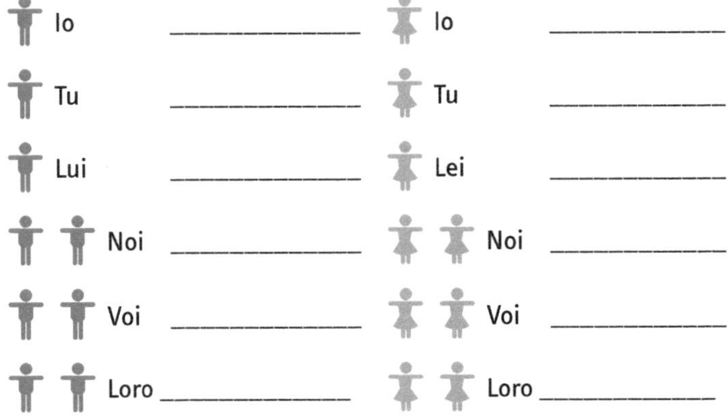

Io	___	Io	___
Tu	___	Tu	___
Lui	___	Lei	___
Noi	___	Noi	___
Voi	___	Voi	___
Loro	___	Loro	___

Lei e Paola ___

6. Qualcosa d'irregolare

Coniuga i verbi secondo il simbolo, come nell'esempio.

1. IMMERGERSI

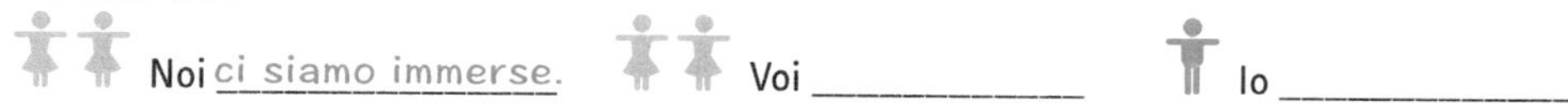

Noi ci siamo immerse. — Voi ____________ — Io ____________

2. RIMANERE

Io ____________ — Loro ____________ — Tu ____________

3. NASCERE

Loro ____________ — Tu ____________ — Lei ____________

4. ESSERE

Noi ____________ — Voi ____________ — Tu ____________

5. APPARIRE

Lui ____________ — Noi ____________ — Lei ____________

6. VENIRE

Voi ____________ — Loro ____________ — Lei ____________

7. METTERSI

Voi ____________ — Voi ____________ — Io ____________

8. SCOMPARIRE

Noi ____________ — Voi ____________ — Lui ____________

9. ACCORGERSI

Tu ____________ — Loro ____________ — Tu ____________

10. OFFENDERSI

Io ____________ — Loro ____________ — Tu ____________

esercizi

7. Ma guarda che combinazione!

Collega gli elementi delle colonne per formare delle frasi, come nell'esempio. Sono possibili varie soluzioni.

1. Paola e Maria	a. è partito	A. al mare.
2. Mia sorella	b. si è sposato	B. a trovarmi.
3. Il mio cane	c. si sono trasferite	C. grande.
4. Tuo padre	d. è venuta	D. a casa.
5. Il mio amico	e. è stato	E. in Francia.
6. La tua amica	f. sono andate	F. elegantemente.
7. Fabio	g. è diventato	G. per Milano.
8. Le nostre amiche	h. sono stati	H. all'estero.
9. Il Papa	i. sono uscite	I. a Napoli.
10. Giulio e Fabio	l. è andato	L. al cinema.
11. Il vicino di casa	m. è stata	M. in televisione.
12. Le mie zie	n. si è vestita	N. ieri sera.
13. La Signora Fini	o. è tornato	O. in Svizzera.

8. Rimettiamo le cose a posto

Riordina le parole per formare delle frasi. Aggiungi il soggetto, come nell'esempio. Sono possibili varie soluzioni.

1. all'improvviso | Qualche | ci siamo svegliati | fa | giorno
   Noi Qualche giorno fa ci siamo svegliati all'improvviso.
2. il giorno | Ieri | a letto | tutto | sono rimasta
   ____ ______________________________
3. sua sorella | al ristorante | Ieri | è andato | con
   ____ ______________________________
4. Per imparare | in Cina | è stata | bene | tre anni | il cinese
   ____ ______________________________
5. a casa | sono restato | Sabato | tutto | il giorno
   ____ ______________________________
6. due settimane | Sono partite | fa
   ____ ______________________________

9. Guarda il simbolo e metti il soggetto

Scrivi il soggetto e completa il participio a seconda del simbolo, come nell'esempio.

1. Io sono cadut_o_ dalla sedia.
2. ___ sono diventat___ nervoso.
3. ___ è cresciut___ con i nonni.
4. ___ ci siamo fatt___ il bagno.
5. ___ sei stat___ a Palermo.
6. ___ vi siete svegliat___ tardi.
7. ___ ti sei rilassat___ sul divano.
8. ___ sono partit___ un mese fa.
9. ___ è venut___ da me.
10. ___ sono arrivat___ in tempo.
11. ___ non si è accort___ di niente.
12. ___ sono dimagrit___ 7 chili in 7 giorni!
13. ___ è sparit___ nel nulla.
14. ___ si sono svegliat ___ prestissimo.
15. ___ siete diventat___ persone in gamba.
16. ___ siete entrat___ in classe.

10. Trova l'errore

Sottolinea la frase corretta e ~~cancella~~ quelle sbagliate, come nell'esempio.

1. Io e lui ~~ci siamo incontrato~~ / ~~vi siamo incontrato~~ / ci siamo incontrati alle 6.
2. Carlo **è andata / è andato / sei andato** al cinema con Katia.
3. Ieri mia sorella **sei rimasta / è rimasta / siete rimasta** a casa mia.
4. L'anno scorso Elisa non **si sono ammalate / si è ammalato / si è ammalata** neanche una volta.
5. Le mie amiche **ci sono stancate / si sono stancate / si è stancata** molto.
6. Due anni fa io **sono stato / sei stato / sono stati** in Australia.
7. Tuo figlio **è diventata / sei diventato / è diventato** veramente bello!
8. Perché Claudio e Maria non **sono uscito / siete uscite / sono usciti** con noi?
9. Tu, come sempre, non **è arrivata / sei arrivata / sono arrivata** puntuale.
10. Francesca **è andata / sei andata / sono andata** a studiare a Londra.

esercizi

11. Riscrivi con i disegni

Riscrivi le frasi al passato prossimo, come nell'esempio.

1. Il  nasce oggi. → Il bambino è nato oggi.
2. La  costa moltissimo. → ______
3. Il  scappa di casa. → ______
4. I  nascono in primavera. → ______
5. La  non mi piace per niente. → ______
6. Il  esce dalla finestra. → ______
7. I  spariscono dalla biblioteca. → ______
8. I  tornano dal padrone. → ______
9. Le  si riposano sul divano. → ______
10. La  scompare dietro la  . → ______
1. La  si riflette sull'acqua. → ______
12. Le  si rompono. → ______

12. Raddoppia e dimezza

Riscrivi le frasi dell'esercizio 11 al plurale (se sono al singolare) o al singolare (se sono al plurale), come nell'esempio.

1. I bambini sono nati oggi.
2. ______
3. ______
4. ______
5. ______
6. ______
7. ______
9. ______
10. ______
11. ______
12. ______

13. La visita di mio padre

Completa il testo con il passato prossimo dei verbi tra parentesi.

Lo scorso inverno mio padre, che ha già 70 anni e ha ancora molta energia, (*venire*) ________________ a trovarmi a Roma ed (*rimanere*) ________________ a casa mia per una settimana. Insieme (*andare*) ________________ molte volte in centro per vedere negozi e librerie e (*stare*) ________________ anche nei musei più interessanti della città. Qualche volta (*venire*) ________________ con noi anche mia moglie e quando c'era lei (noi – *tornare*) ________________ a casa sempre tardi. Io e mia moglie, la sera in cui mio padre (*ripartire*) ________________, siccome eravamo stanchi, (*andare*) ________________ a dormire prestissimo!

14. Divertimento assicurato

Completa i testi con il passato prossimo dei verbi, come nell'esempio. I verbi non sono in ordine e si possono usare più volte.

andare via | tornare | cambiarsi | arrivare | uscire | venire | ~~andare~~ | divertirsi
durare | rimanere | stare | farsi | essere

a. Questa mattina Paola _è andata_ a casa di Giulio ed ________________ lì fino a sera. Poi, quando ________________ la madre di Giulio, ________________ di corsa perché tra loro due non c'è un buon rapporto. ________________ a casa ed era molto stanca ma quando Carlo e Giorgio ________________ da lei per invitarla a uscire, ________________ rapidamente ed ________________ un'altra volta.

b. Perché ieri sera tua sorella non ________________ da me? Io e le mie amiche ________________ moltissimo e la festa ________________ fino alle 3 di mattina!

c. Sono sicuro che ieri sera Carlo e Giorgio ________________ a casa tardissimo e che questa mattina non ________________ neanche la doccia. Quando ________________ da me avevano sonno e puzzavano, vorrei sapere dove ________________ ieri sera...

d. Ieri ________________ proprio una bella giornata! Io e Giulio ________________ al mare, ________________ un bel bagno al largo e ________________ in spiaggia fino a tardi. La sera ________________ in discoteca e ________________ moltissimo.

esercizi

15. Biografia dell'uomo famoso

Scrivi nei riquadri la vita del personaggio in questione, seguendo l'esempio.

Nasce a Roma nel 1962. Nel 1965 nasce sua sorella. Nel 1972 si trasferisce a Venezia e nel 1975 torna a Roma. Nel 1980 diventa maggiorenne e nello stesso anno si diploma. Nel 1985 torna a Venezia e ci resta due anni. Nel 1992 si imbatte nella donna della sua vita e si sposa. Nel 1997 sua moglie va in Germania per lavoro e anche lui si trasferisce lì. Nel 2000 si trasferiscono in Spagna e nello stesso anno nasce la loro figlia. Dal 2007 al 2010, per lavoro, va a Londra 117 volte. Nel 2015 scompare dalla circolazione per scrivere due libri. Nel 2017 diventa ricco e famoso perché i suoi libri diventano best seller.

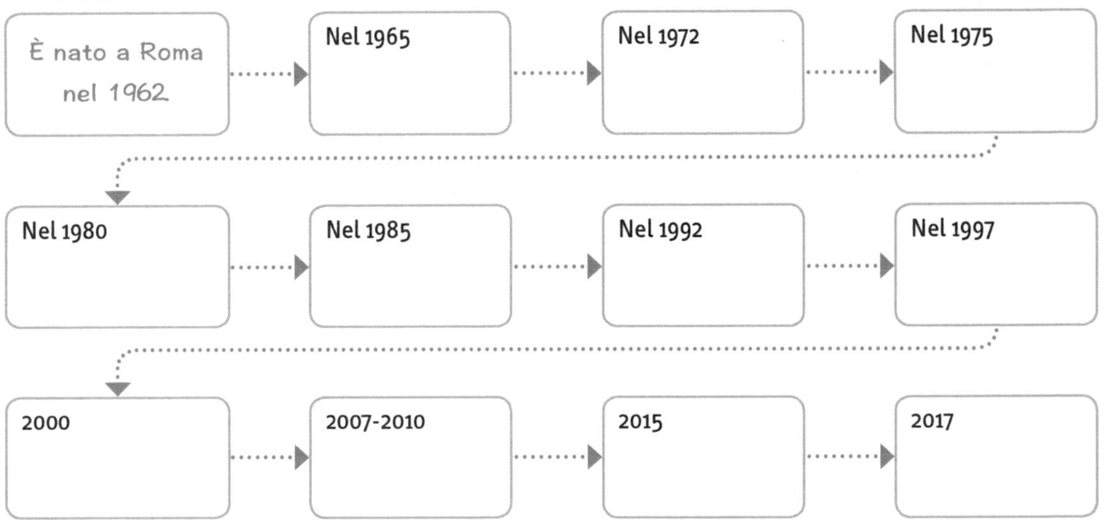

16. Biografia di due donne famose

*Riscrivi al plurale femminile le frasi dei riquadri sopra. Per unire le frasi usa **poi, dopo, e, e poi, anche**, ecc. Se necessario, cambia i possessivi.*

Sono nate a Roma nel 1962. Poi, nel 1965

17. La tua biografia

Adesso, scrivi tu la tua biografia nei riquadri seguendo il modello dell'esercizio 15.

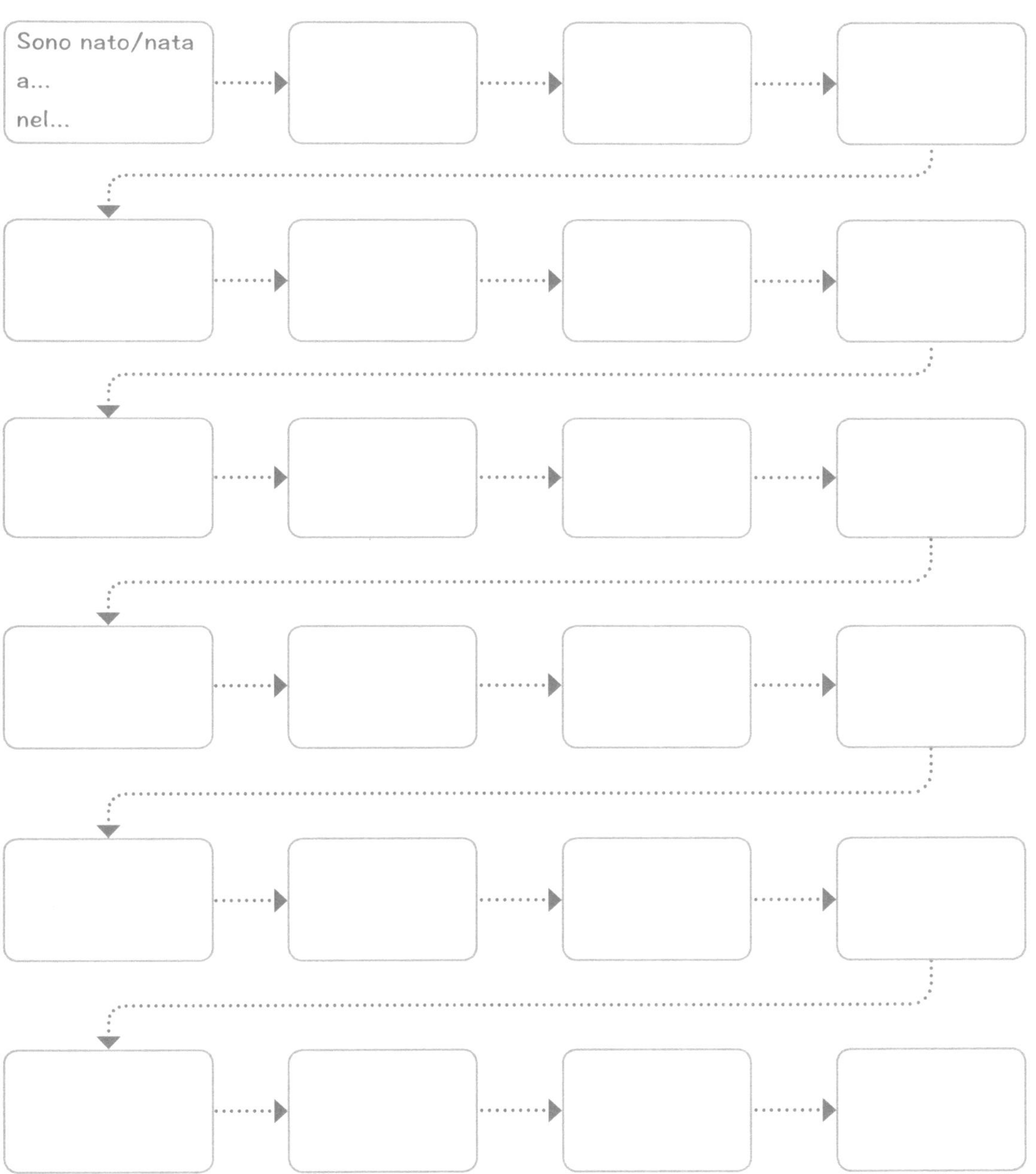

esercizi

18. Riflessivi che passione!

Completa le frasi coniugando i verbi in base al simbolo, come nell'esempio.

1. Ma voi a che ora (*svegliarsi*) vi siete svegliate questa mattina?
2. Anche la settimana passata loro (*addormentarsi*) ________________ tardi e (*alzarsi*) ________________ tardissimo.
3. Noi (*vedersi*) ________________ con i miei amici a Brest per fare un giro in Bretagna e (*divertirsi*) ________________ molto ma (*pentirsi*) ________________ di avere speso tanto.
4. Quando io (*sedersi*) ________________, dopo pochi minuti la sedia (*rompersi*) ________________ all'improvviso.
5. Per andare alla festa di Giulio, loro (*pettinarsi*) ________________ allo stesso modo.
6. Ieri sera ero proprio stanco, appena (*sdraiarsi*) ________________ sul divano (*addormentarsi*) ________________ e mia moglie il giorno dopo (*lamentarsi*) ________________ perché secondo lei lavoro troppo.
7. Ma non (*vergognarsi*) ________________ a parlare davanti a tutti? Non (*bloccarsi*) ________________ davanti a più di 200 persone?
8. Ieri, per iniziare bene il fine settimana (*farsi*) ________________ un panino buonissimo, (*bersi*) ________________ una birretta e quando è venuta la mia amica, (*mangiarsi*) ________________ una torta al cioccolato intera!
9. Stamattina (*baciarsi*) ________________ e (*abbracciarsi*) ________________ a lungo perché siamo innamorati.
10. Quando loro (*rincontrarsi*) ________________ dopo tanti anni, per ricordare i bei tempi dell'università, (*farsi*) ________________ una bella mangiata.

19. La parola misteriosa

*Sottolinea nel testo i verbi al **passato prossimo** e scrivi l'infinito nelle caselle, come nell'esempio. Le iniziali dei verbi ti daranno la parola misteriosa.*

a. È rinata mille volte. Ha ospitato gente di ogni razza. Grandi pittori hanno mostrato i suoi angoli più belli. Quelli che ci hanno abitato non la dimenticano più. È la città di ____________________.

R	I	N	A	S	C	E	R	E

b. Hai sofferto molto? Ti sei trasformato in qualcuno differente da quello che sei? Hai alzato la voce come non fai mai? Hai dimenticato le norme dell'educazione? Hai invidiato gli avversari? Hai occultato a tua moglie il prezzo del biglietto? È normale, sono cose che succedono quando vai allo ____________________.

c. Spesso ho girato tutta la città per trovarne uno buono. Non è mai esistito un bambino a cui non sia piaciuto. Cari amici hanno litigato per eleggere il migliore, io l'ho amato fin da piccolo e, anche se me ne davano due chili l'ho sempre terminato. Chi è a dieta l'ha spesso odiato, è il ____________________.

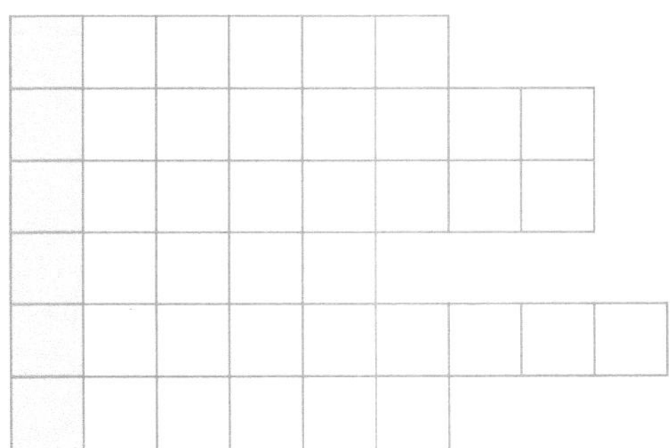

esercizi

20. Sottolinea e segna

Segna se la frase è giusta (👍) o sbagliata (👎) e, dove è presente, sottolinea l'errore, come nell'esempio.

Frase	👍	👎
1. I tuoi figli sono stato molto gentili con me, sono proprio carini!		✓
2. Silvia non è venuta con noi perché è stata male e non si è ancora ripresa al 100%.	✓	
3. Perché Carlo quest'anno non è andato in vacanza con Max?		
4. La settimana scorsa, Paola e Katia sono tornato da un lungo viaggio in giro per l'Europa.		
5. Che ha successo? Siete così differenti da un mese fa!		
6. Gli spaghetti che cucini tu mi sono sempre piaciuto moltissimo!		
7. Oggi Alessia si ha vestito proprio bene, è bellissima!		
8. Se i tuoi amici sono stati in Cina tre mesi sono proprio ricchi!		
9. Ragazze, perché non avete rimasto a dormire da Paola?		
10. Ieri Giulia e Paola sono rimaste a casa tutto il giorno.		
11. Perché tu e tuo marito non avete venuto con il treno invece che con la macchina?		

21. Analizza e correggi

Analizza le frasi sbagliate dell'esercizio 20 e scrivi la forma corretta, come nell'esempio.

▶ 1. I tuoi figli sono stati molto gentili con me, sono proprio carini!
▶ ____________________
▶ ____________________
▶ ____________________
▶ ____________________
▶ ____________________
▶ ____________________

Il doppio ausiliare

Alcuni verbi possono usare come verbo ausiliare nei tempi composti sia ***essere*** che ***avere***, senza cambiamento di significato. Se si usa il verbo ***essere*** come ausiliare, il participio passato deve concordare in genere e numero con il soggetto della frase.

▶ Verbi che indicano fenomeni atmosferici: *piovere*, *tuonare*, *nevicare*, *grandinare*, *gelare*, *albeggiare*, ecc.

PRESENTE		PASSATO PROSSIMO
Oggi piove.	→	Ieri è piovuto / ha piovuto.
Oggi nevica.	→	Ieri è nevicato / ha nevicato.

▶ Verbi come *atterrare* e *vivere*.

PRESENTE		PASSATO PROSSIMO
L'aereo atterra puntuale.	→	L'aereo ha atterrato / è atterrato puntuale.
Laura e Giulia vivono all'estero.	→	Laura e Giulia hanno vissuto / sono vissute all'estero.

Altri verbi possono usare come verbo ausiliare nei tempi composti ***essere*** o ***avere***, con un cambiamento di funzione.

a. Se sono usati con funzione intransitiva (con il complemento che risponde alle domande *Dove?*, *A chi?*, *Quando?*, *Quanto?* ecc.) prendono di solito l'ausiliare ***essere***.

b. Se sono usati con funzione transitiva (con il complemento che risponde alle domande *Chi?*, *Che cosa?*) prendono di solito l'ausiliare ***avere***.

▶ Verbi come *finire*, *cambiare*, *passare*.

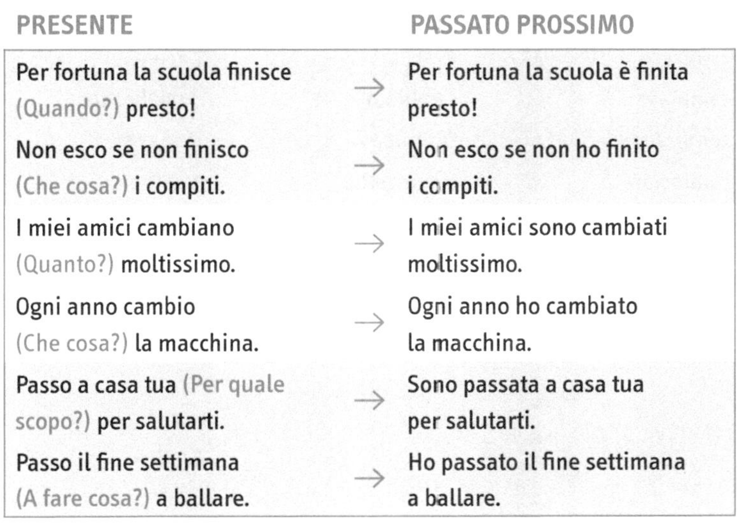

PRESENTE		PASSATO PROSSIMO
Per fortuna la scuola finisce (Quando?) presto!	→	Per fortuna la scuola è finita presto!
Non esco se non finisco (Che cosa?) i compiti.	→	Non esco se non ho finito i compiti.
I miei amici cambiano (Quanto?) moltissimo.	→	I miei amici sono cambiati moltissimo.
Ogni anno cambio (Che cosa?) la macchina.	→	Ogni anno ho cambiato la macchina.
Passo a casa tua (Per quale scopo?) per salutarti.	→	Sono passata a casa tua per salutarti.
Passo il fine settimana (A fare cosa?) a ballare.	→	Ho passato il fine settimana a ballare.

Altri verbi cambiano di significato a seconda che siano usati con l'ausiliare ***essere*** o ***avere***. Tali verbi, indipendentemente dall'ausiliare usato, possono essere usati sia con funzione transitiva che intransitiva.

▶ Verbi come *girare*, *avanzare*, *mancare*, ecc.

PRESENTE		PASSATO PROSSIMO
Nanni Moretti gira ottimi film.	→	Nanni Moretti ha girato ottimi film.
A casa tua girano sempre molti soldi.	→	A casa tua sono girati sempre molti soldi.
Se avanza la zuppa la mangio domani.	→	Se è avanzata la zuppa la mangerò domani.
Quel politico avanza buone proposte.	→	Quel politico ha avanzato buone proposte.
Manco il bersaglio perché sono distratto.	→	Ho mancato il bersaglio perché ero distratto.
Mancate a scuola una settimana.	→	Siete mancati a scuola una settimana.

DOPPIO AUSILIARE

Principali verbi che hanno come ausiliare ***essere*** e ***avere***.

INFINITO	PARTICIPIO PASSATO	INFINITO	PARTICIPIO PASSATO
atterrare	atterrato	girare	girato
aumentare	aumentato	iniziare	iniziato
avanzare	avanzato	mancare	mancato
cambiare	cambiato	migliorare	migliorato
continuare	continuato	passare	passato
cominciare	cominciato	salire	salito
correre	corso	saltare	saltato
crescere	cresciuto	scendere	sceso
diminuire	diminuito	terminare	terminato
finire	finito	trascorrere	trascorso

▶ Altri verbi alle pagine 96 e 97

esercizi

1. Come funziona?

Leggi il testo e completa la tabella con i verbi presenti nel testo al passato prossimo, come nell'esempio.

Dopo pranzo di solito faccio un pisolino. Ieri pomeriggio però non riuscivo a dormire, mi sono alzato e ho iniziato a camminare per casa. Dopo un po' ho messo un dvd, ho aumentato il volume della TV ed è cominciato il film che avevo noleggiato il giorno prima. Appena è iniziato il film, dopo le prime scene, ho cominciato a essere inquieto e l'inquietudine, in pochi minuti, si è trasformata in paura e con la paura è aumentata la fame! Sono saltati tutti i miei schemi mentali, anche se affamato ho saltato la cena perché sono corso verso la porta per uscire, respirare un po' di aria della gelida notte svedese e tranquillizzarmi un poco. Poco a poco il battito del cuore è diminuito e ho cominciato a correre per rilassarmi un po'. Ho corso per più di un'ora e poi sono rientrato a casa. Ho passato il resto della serata ad ascoltare musica classica, finché non mi sono rilassato del tutto. Ho suonato il pianoforte, sono passate le ore e non me ne sono reso conto finché è suonata la sveglia

AVERE	INFINITO	ESSERE
ho iniziato a camminare	iniziare	è iniziato il film
___ _________ il volume della TV	__________	___ _________ la fame
___ _________ a essere inquieto ___ _________ a correre	__________	___ _________ il film
___ _________ la cena	__________	___ _________ tutti i miei schemi
___ _________ per più di un'ora	__________	___ _________ verso la porta
___ _________ il resto della serata	__________	___ _________ le ore
___ _________ il pianoforte	__________	___ _________ la sveglia

esercizi

2. Il cruciverba del doppio

Completa il cruciverba con l'infinito dei verbi che hanno un doppio ausiliare.

ORIZZONTALI →	VERTICALI ↓
4. contrario di *rimanere uguale*	1. perfezionare o stare meglio
6. non riuscire a realizzare qualcosa	2. contrario di *migliorare*
8. sinonimo di *terminare*	3. distruggere con il fuoco
9. contrario di *arretrare*	5. contrario di *aumentare*
11. sinonimo di *passare del tempo*	7. verbo del fotografo
14. contrario di *salire*	10. sinonimo di *andare avanti, proseguire*
15. contrario di *ammalarsi*	12. verbo del cameriere
16. aumentare di altezza	13. andare in alto

3. Transitivo o intransitivo?

*In ogni coppia di frasi indica (✓) quando il verbo è usato in modo transitivo (**T**) o intransitivo (**I**), come nell'esempio.*

		T	I
1.	Giulia finisce i compiti in poco tempo.	✓	I
2.	La partita finisce e non so che cosa fare.	T	✓
3.	La festa termina presto.	T	I
4.	I giocatori terminano la partita in condizioni disastrose.	T	I
5.	Tuo fratello corre la maratona di Londra.	T	I
6.	Mia moglie corre a casa per aiutarmi con i bambini.	T	I
7.	Salto il pranzo molto spesso negli ultimi tempi.	T	I
8.	I ragazzi saltano dalla finestra della scuola.	T	I
9.	Il film comincia dopo il telegiornale.	T	I
10.	Comincio le vacanze e sono felice!	T	I
11.	Questo dottore guarisce anche i casi più complicati.	T	I
12.	Paola guarisce perché si cura bene.	T	I

4. Trasforma al passato

Riscrivi le frasi dell'esercizio 3 al passato prossimo, con l'ausiliare corretto, a seconda se il verbo è usato in modo transitivo o intransitivo, come nell'esempio.

1. Giulia ha finito i compiti in poco tempo.
2. La partita è finita e non so che cosa fare.
3. ______
4. ______
5. ______
6. ______
7. ______
8. ______
9. ______
10. ______
11. ______
12. ______

esercizi

5. Scegli quella giusta

Sottolinea la frase corretta e ~~cancella~~ quella sbagliata, come nell'esempio.

1. Il cameriere ha servito / ~~è servito~~ il cliente in modo professionale.
2. Paolo **ha cambiato / è cambiato** la macchina un mese fa.
3. Le vacanze **sono iniziate / hanno iniziato** a fine maggio.
4. **Abbiamo sceso / Siamo scesi** le scale di corsa perché era tardi.
5. Tuo figlio **è finito / ha finito** la zuppa in due minuti!
6. Giulia **è passata / ha passato** le vacanze a casa per punizione.
7. I miei amici **sono cambiati / hanno cambiato** da quando vivono soli.
8. Tu **hai migliorato / sei migliorato** il tuo italiano perché vedi Alma Tv.
9. La cena **è cominciata / ha cominciato** in ritardo.
10. I pescatori **hanno calato / sono calati** le reti.

6. Spunta la giusta, riscrivi la sbagliata

Segna (✓) le frasi in cui il verbo è usato nella forma corretta.
Negli altri casi, scrivi la forma corretta, come nell'esempio.

✓ 1. Silvia ieri **ha cominciato** un nuovo lavoro. ____________

☐ 2. Io e Paolo **abbiamo salito** sul vulcano in cinque ore. siamo saliti

☐ 3. Mia nonna **è cresciuto** i suoi figli con molti sacrifici. ____________

☐ 4. Le piante **hanno cresciuto** sane e forti. ____________

☐ 5. Quando è arrivata Luisa **siamo corsi** a salutarla. ____________

☐ 6. Per non sentire la voce di mia suocera **sono aumentato** il volume della radio. ____________

☐ 7. Per andare a New York **è cambiato** gli euro in dollari. ____________

☐ 8. Anche se il professore non stava bene **ha continuato** la lezione perché era il primo giorno di scuola. ____________

☐ 9. Niki Lauda **è corso** molte gare con la Ferrari. ____________

☐ 10. Il carattere di mia moglie **è cambiato** molto. ____________

☐ 11. Con la nascita dei gemelli le spese **sono aumentate**. ____________

☐ 12. Per celebrare la vittoria della Nazionale i festeggiamenti **hanno continuato** tutta la notte. ____________

7. Scegli quello giusto

Completa le frasi con il passato prossimo dei verbi tra parentesi.

1. L'orchestra di Vienna (*suonare*) ________________ un brano di Mozart.
2. La sveglia (*suonare*) ________________ alle sette.
3. Perché Laura (*continuare*) ________________ il viaggio da sola?
4. Dopo il divorzio la mia vita (*continuare*) ________________ con tante feste!
5. Quei soldi (*servire*) ________________ per pagare gli studi a mia figlia.
6. Il giudice Falcone (*servire*) ________________ fedelmente lo Stato.
7. Loro (*trascorrere*) ________________ la settimana al mare.
8. Le ore della notte (*trascorrere*) ________________ in modo tranquillo.
9. Noi (*saltare*) ________________ dal balcone perché siamo incoscienti.
10. Tu (*saltare*) ________________ il tuo turno e adesso devi aspettare.
11. Il mese scorso Claudio (*cominciare*) ________________ l'università.
12. Il concerto (*cominciare*) ________________ più tardi del previsto.

8. Sai qual è il corretto?

Completa le frasi con il passato prossimo dei verbi. Sono possibili varie soluzioni.

cambiare | passare | scendere | aumentare | bruciare | cominciare

1. La casa ________________ rapidamente perché era di legno.
2. Il mio ristorante preferito ________________ tutto il personale.
3. Giuseppina ________________ le scale senza fare rumore.
4. Le temperature ________________ a causa del cambio climatico.
5. Dopo la separazione, Giulio ________________ tutte le lettere della moglie.
6. Sono stato proprio bene, il tempo ________________ molto velocemente.
7. Con le compagnie low-cost i prezzi dei voli ________________.
8. I miei genitori ________________ tutta la loro vita a lavorare duramente.
9. Il bar vicino casa ________________ i prezzi e adesso è carissimo!
10. Laura è matta, ________________ dal treno in movimento!

9. Adesso tocca te

*Scrivi due frasi per ogni verbo: una con l'ausiliare **avere** (funzione transitiva – **T**), l'altra con l'ausiliare **essere** (funzione intransitiva – **I**), come negli esempi.*

1. FINIRE

T Ho finito di scrivere il mio terzo libro in un anno.

I Il concerto è finito da più di un'ora e c'è ancora tanta gente.

2. SUONARE

T ______

I ______

3. CORRERE

T ______

I ______

4. PASSARE

T ______

I ______

5. GUARIRE

T ______

I ______

6. CAMBIARE

T ______

I ______

7. SCENDERE

T ______

I ______

8. COMINCIARE

T ______

I ______

10. Essere o avere?

Sottolinea la frase corretta e ~~cancella~~ quella sbagliata, come nell'esempio.

1. Da quando vivo al mare la mia salute ~~ha migliorato~~ / è migliorata molto.
2. Nel viaggio in Cina **abbiamo scattato / sono scattate** tante foto.
3. Dario e Sonia **hanno cresciuto / sono cresciuti** i loro figli con molti sacrifici.
4. **Ho finito / Sono finito** il libro la settimana passata.
5. Perché ieri **avete saltato / siete saltati** la cena?
6. Il prezzo del pane è **aumentato / ha aumentato** negli ultimi mesi.
7. La lezione è **finita / ha finito** 10 minuti fa.
8. Quando Giulio è entrato in casa i ladri **sono saltati / hanno saltato** dal balcone.
9. Da quando Giulio sta con Maria la sua vita **ha migliorato / è migliorata**.
10. Quando è suonato l'allarme **sono scattata / ho scattato** in piedi per andare fuori.
11. Il mio parrucchiere **è aumentato / ha aumentato** i prezzi.
12. Negli ultimi tempi i miei risparmi **sono cresciuti / hanno cresciuto** notevolmente.

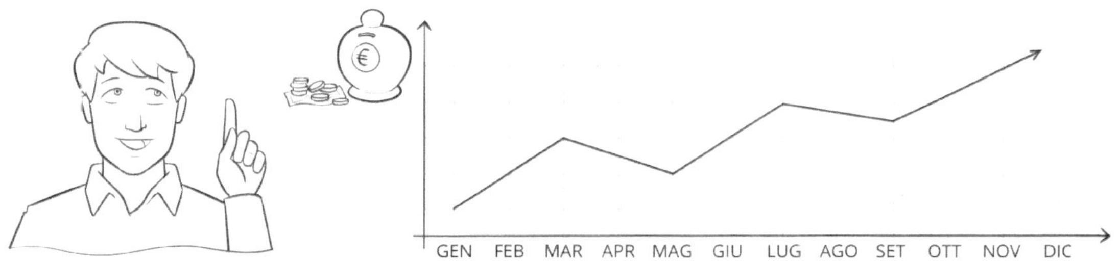

11. Attento all'ausiliare!

Completa le frasi con il passato prossimo dei verbi. Fai attenzione all'ausiliare! Sono possibili varie soluzioni.

salire | continuare | terminare | correre | passare | cambiare | finire

1. Quest'anno il caldo ____________________ fino a ottobre.
2. Il concerto ____________________ a mezzanotte.
3. Mio padre ____________________ a lavorare fino a 70 anni.
4. Maria, a che età ____________________ l'università?
5. I tuoi figli ____________________ molto.
6. Siamo stanchissimi perché ____________________ 9 piani a piedi.
7. ____________________ dei bei momenti in tua compagnia.
8. La temperatura media sulla Terra ____________________ di vari gradi.
9. Quando l'ho vista ____________________ da lei e l'ho abbracciata.
10. Quest'anno io e Giulio ____________________ la maratona di Roma.
11. Paola e Anna ____________________ da Mario per salutarlo.
12. Finalmente ____________________ lavoro!

I verbi modali al passato prossimo

I verbi servili o modali sono *dovere*, *potere* e *volere*. Si chiamano così perché quando precedono un verbo all'infinito esprimono il modo in cui avviene l'azione: un dovere (*dovere*), una possibilità (*potere*) o una volontà (*volere*).

Dovere, *potere* e *volere* prendono l'ausiliare del verbo che segue all'infinito.

Se l'ausiliare è ***essere***, il participio passato del verbo modale concorda in genere e numero con il soggetto. Con l'ausiliare ***avere***, il participio passato rimane invariato.

PRESENTE		PASSATO PROSSIMO
Eva e Sara tornano presto.	→	Eva e Sara sono tornate presto.
Eva e Sara devono tornare presto.	→	Eva e Sara sono dovute tornare presto.
Eva e Sara parlano in inglese.	→	Eva e Sara hanno parlato in inglese.
Eva e Sara devono parlare in inglese.	→	Eva e Sara hanno dovuto parlare in inglese.
Lei non va al lavoro.	→	Lei non è andata al lavoro.
Lei non può andare al lavoro.	→	Lei non è potuta andare al lavoro.
Lei vede il film in versione originale.	→	Lei ha visto il film in versione originale.
Lei può vedere il film in versione originale.	→	Lei ha potuto vedere il film in versione originale.
Luca e Teo rimangono a casa.	→	Luca e Teo sono rimasti a casa.
Luca e Teo vogliono rimanere a casa.	→	Luca e Teo sono voluti rimanere a casa.
Luca e Teo non mangiano.	→	Luca e Teo non hanno mangiato.
Luca e Teo non vogliono mangiare.	→	Luca e Teo non hanno voluto mangiare.

Soprattutto in un registro familiare, orale o poco controllato della lingua, si può trovare l'ausiliare ***avere*** anche nei casi in cui, secondo la regola grammaticale, si dovrebbe usare ***essere***. Abbiamo quindi "ho dovuto andare" invece di "sono dovuto andare", ecc.

Quando *dovere*, *potere* e *volere* sono modali del verbo ***essere*** è obbligatorio usare ***avere*** come ausiliare.

PRESENTE		PASSATO PROSSIMO
È la prima persona ad entrare.	→	È stata la prima persona ad entrare.
Deve essere la prima persona ad entrare.	→	Ha dovuto essere la prima persona ad entrare.
Non siamo puntuali.	→	Non siamo state puntuali.
Non possiamo essere puntuali.	→	Non abbiamo potuto essere puntuali.
Non sono scortese.	→	Non sono stato scortese.
Non voglio essere scortese.	→	Non ho voluto essere scortese.

Quando *dovere*, *potere* e *volere* accompagnano un verbo con un pronome atono (*mi*, *ti*, *ci*, *ci*, *si*, *lo*, *la*, ecc.) si usa l'ausiliare ***essere*** quando la particella precede il verbo e l'ausiliare ***avere*** quando la particella segue il verbo all'infinito.

PRESENTE		PASSATO PROSSIMO
Ci dobbiamo trasferire.	→	Ci siamo dovuti trasferire.
Dobbiamo trasferirci.	→	Abbiamo dovuto trasferirci.
Si possono svegliare tardi.	→	Si sono potute svegliare tardi.
Possono svegliarsi tardi.	→	Hanno potuto svegliarsi tardi.
Mi vuole sembrare simpatica.	→	Mi è voluta sembrare simpatica.
Vuole sembrarmi simpatica.	→	Ha voluto sembrarmi simpatica.

1. Essere e avere

*Trasforma le frasi al passato prossimo **usando i due ausiliari**, come nell'esempio. Sono possibili varie soluzioni.*

1. Per andare al mare devo svegliarmi presto
   Per andare al mare mi sono dovuto/-a svegliare presto.
   Per andare al mare ho dovuto svegliarmi presto.
2. Dovete farvi la doccia con l'acqua fredda.
   ______
   ______
3. Ti puoi permettere delle belle vacanze perché quest'anno hai guadagnato molto.
   ______
   ______
4. Mi voglio sbrigare perché in TV c'è la partita della mia squadra preferita.
   ______
   ______
5. Ci dobbiamo impegnare al massimo per superare l'esame di fisica quantica.
   ______
   ______
6. Oggi possiamo riposarci perché è festa.
   ______
   ______
7. Vogliono comprarsi l'ultimo modello di scarpe sportive.
   ______
   ______
8. Devo fermarmi a Genova perché non ci sono biglietti per il ritorno.
   ______
   ______
9. I ragazzi si possono addormentare tardi perché domani non c'è scuola.
   ______
   ______
10. Mi voglio perdere per le strade della città.
   ______
   ______

esercizi

2. Ausiliare e desinenza

Completa con l'ausiliare corretto e aggiungi la vocale finale al participio passato, come nell'esempio.

1. Se tu e Antonio _avete_ potut_o_ scegliere che lavoro fare, siete stati davvero fortunati!
2. Giulio ________ volut__ offrire la cena a Maria anche se lei non voleva.
3. Per trovare un posto, Anna e Sue ________ dovut___ arrivare due ore prima.
4. Alla fine dell'Università Io e Claudio non ___________ potut___ trovare lavoro a Londra perché il nostro inglese era pessimo.
5. Giulia, ma è vero che ieri sera non ______ potut___ uscire con noi perché _________ dovut___ rimanere a casa per fare la baby sitter a tua sorella?
6. Sono sicuro che Gianni ________ volut___ organizzare il viaggio da solo.
7. Io ti ho detto la verità ma tu non mi _________ volut___ credere.
8. I suoi genitori _________ dovut___ superare molte difficoltà per farla studiare ma alla fine Paola si_________ potut___ laureare con il voto più alto!
9. Il professore _________ dovut___ spiegare le equazioni molte volte.
10. Anche se pioveva a dirotto Chiara __________ volut___ partire lo stesso.

3. I buoni modi

Completa le frasi con il passato prossimo dei verbi tra parentesi, come nell'esempio.

1. Le tue amiche ieri sera (*dovere*) _sono dovute_ tornare a casa da sole.
2. Perché le tue figlie non (*volere*) _________________________________ invitare Paolo alla loro festa?
3. Claudia (*potere*) _________________________________ venire con me ma le sue figlie (*dovere*) _________________________________ restare a casa.
4. Fabio ha preso un taxi e quindi (*potere*) _________________________________ arrivare in tempo al cinema.
5. Giorgio non (*volere*) _________________________________ telefonare a mio marito per non disturbarlo sul lavoro.
6. Ho parcheggiato male e (*dovere*) _________________________________ pagare la multa.

4. E adesso completa tu

Completa le frasi coniugando al passato prossimo i verbi tra parentesi in base al simbolo, come nell'esempio. Sono possibili varie soluzioni.

1. Ho vinto a poker e quindi (*dovere – offrire*) ho dovuto offrire da bere a tutti i miei amici!
2. Non (*volere – essere*) ______________ polemici e per questo non abbiamo parlato di politica.
3. Oggi è un giorno festivo e finalmente (*potere – cucinare*) ______________ con calma.
4. Per essere promossi all'esame di settembre (*dovere – studiare*) ______________ tutta l'estate.
5. Per andare al mare (*dovere – partire*) ______________ presto.
6. Perché non (*volere – frequentare*) ______________ l'università?
7. Con i soldi che ha guadagnato (*potere – comprarsi*) ______________ una casa enorme.
8. Perché non (*volere – cenare*) ______________ con noi?
9. Avete vinto una grossa cifra alla Lotteria e quindi (*potere – andare*) ______________ a fare il giro del mondo!
10. Perché non (*volere – fermarsi*) ______________ da noi?

5. Pronomi e modali

Riscrivi le frasi usando i pronomi, come nell'esempio.

1. Ho dovuto pulire la casa	L'ho dovuta pulire.	Ho dovuto pulirla.
2. Ha potuto mangiare la pizza.	______________	______________
3. Hai voluto aiutare tua sorella.	______________	______________
4. Ha dovuto dire molte bugie.	______________	______________
5. Non ho potuto invitare Luca.	______________	______________
6. Avete voluto spendere i soldi.	______________	______________
7. Ho dovuto prendere un taxi.	______________	______________
8. Ha potuto prendere la moto.	______________	______________

La posizione degli avverbi con il passato prossimo

La posizione degli avverbi, nei tempi composti, è variabile in alcune occasioni e fissa in altre. La posizione può variare anche in funzione del tipo di testo (scritto o orale), registro (formale, informale) e contesto.

Come per altri aspetti del passato prossimo, le varianti e le sfumature sono numerose, vanno viste caso per caso e sempre nel contesto.

Di solito l'avverbio si pone dopo il participio passato.

Abbiamo parlato **tranquillamente.**
Hanno letto **soprattutto** romanzi.
Si è vestita **elegantemente.**
Ho bevuto **troppo.**

L'avverbio negativo *non* va sempre prima del verbo ausiliare o dei pronomi o particelle che precedono il verbo ausiliare.

Oggi **non** ho studiato.
Ieri **non** siamo usciti.
Quel film **non** l'hanno visto.
Di questa cosa **non** ne ho mai parlato con nessuno.
A casa di Giulio **non** ci sono mai stato .

L'avverbio *mai,* nelle frasi negative o quando si usa nelle interrogative con il significato di "qualche volta" si colloca tra l'ausiliare e il participio passato.

Non ho **mai** visto una città così bella.
Non siamo **mai** state al mare in Calabria.
Hai **mai** mangiato (= Qualche volta hai mangiato) il tartufo?

Con alcuni avverbi il significato della frase cambia a seconda della posizione dell'avverbio.

Solo Franco ha mangiato la pasta (= tra tutte le persone presenti Franco è stato l'unico a mangiare la pasta).
Franco ha mangiato **solo** la pasta (= Franco non ha mangiato altre cose, né l'antipasto, né il secondo, né il dolce).
Franco ha mangiato la pasta **solo** (= Franco non era in compagnia di nessuno, non c'era nessuno oltre a lui).

Gli avverbi di quantità (*molto, poco, abbastanza, troppo, più, meno*, ecc.) si collocano generalmente dopo il participio passato.

Nella mia infanzia sono stata **molto** felice.
Ho mangiato **poco**.
Non pensi di avere scherzato **troppo**?
Ho guadagnato **abbastanza** soldi, mi ritiro!
Forse siete stati **poco** gentili con me.

Alcuni avverbi di tempo (*spesso, sempre, appena, già, ancora, presto*, ecc.) e di giudizio (*certamente, nemmeno, neanche, forse, davvero, probabilmente*, ecc.) hanno posizioni variabili e a volte intercambiabili a seconda dell'avverbio e del tipo di frase. Possono collocarsi prima del soggetto, subito dopo il soggetto tra l'ausiliare e il participio passato o dopo il participio passato.

Paolo ha **sempre** studiato molto. *ma va bene anche...* Paolo ha studiato **sempre** molto.
Non siamo **ancora** stati a Londra. *ma va bene anche...* **Ancora** non siamo stati a Londra.
Ho **già** scritto le mail. *ma va bene anche...* Ho scritto **già** le mail.
Non hai **neanche** pulito la casa! *ma va bene anche...* Non hai pulito **neanche** la cucina.
Giulia ha **certamente** avuto freddo. *ma va bene anche...* **Certamente** Giulia ha avuto freddo.
Oggi hai **davvero** convinto tutti! *ma va bene anche...* Oggi hai convinto **davvero** tutti!

1. Giusta o sbagliata?

Sottolinea la forma corretta e ~~cancella~~ quella sbagliata, come nell'esempio.

1. Non pensi che ~~troppo abbiamo lavorato~~ / abbiamo lavorato troppo?
2. Paolo **sempre ha pensato / ha sempre pensato** à di essere il migliore.
3. Questa sera non **abbiamo ballato molto / abbiamo molto ballato.**
4. **Mai hai pensato / Hai mai pensato** di sposare Katia?
5. Giulio ha **sempre studiato intensamente / sempre intensamente studiato.**
6. Non **mai sono rientrato / sono mai rientrato** così tardi a casa.
7. Ieri tuo figlio **ha pochissimo mangiato / ha mangiato pochissimo.**
8. **Già hai mangiato / Hai già mangiato** tutti i cannoli?
9. Non **ho visto il film ancora / ho ancora visto il film** che mi hai prestato.
10. Non **hai ancora fatto / ancora hai fatto** i compiti?
11. Ho **speso più / più speso** del previsto.
12. Ieri **sono stato abbastanza / sono abbastanza stato** occupato.

2. Metti in ordine

Riordina le parole per formare delle frasi, come nell'esempio. Sono possibili varie soluzioni.

1. La settimana scorsa | sempre | vista | mi sono | con Giulio.
   La settimana scorsa mi sono vista sempre con Giulio.
   La settimana scorsa mi sono sempre vista con Giulio.
2. Non ho | così | mangiato | bene | mai | come in quel ristorante.
   ____
   ____
3. Non hai | finito | ti ho prestato? | di leggere | il libro che | ancora
   ____
   ____
4. Tutte le decisioni più importanti | sono | prese. | state | già
   ____
   ____
5. Non | viste | mai | le | ho | così allegre come oggi.
   ____
   ____
6. Avete | il negozio | chiuso | già | o siete ancora aperti?
   ____
   ____
7. Sono | spesso | in vacanza | andato | con la famiglia di mia moglie.
   ____
   ____
8. Probabilmente | appena | sono | i tuoi amici | usciti.
   ____
   ____

3. Inserisci l'appropriato

Inserisci gli avverbi e riscrivi la frase in modo corretto. Sono possibili varie soluzioni.

già | appena | ancora

1. Il direttore è arrivato.
   Il direttore è già arrivato
   Il direttore è appena arrivato.
2. Paolo e Giulio hanno mangiato.
3. È iniziato lo spettacolo?
4. Non ho visto l'ultimo film di Salvatores.
5. Mia moglie è stata in Cina.
6. Paolo ha finito di lavorare.
7. Non avete comprato il libro di Alma Edizioni "Essere o avere"?
8. Tuo marito è arrivato?
9. Non ho mangiato il dolce.
10. Gli ultimi risparmi li abbiamo spesi.
11. Per il lavoro che ho fatto non mi hanno pagato.
12. Siete stati a casa di Michele?

4. Metti quello giusto

Inserisci gli avverbi e riscrivi la frase in modo corretto, come nell'esempio. Sono possibili varie soluzioni.

anche | sempre | molto | poco | neanche

1. Abbiamo letto tutti i libri di Camilleri e quelli di Piazzese.
   Abbiamo sempre letto tutti i libri di Camilleri e anche quelli di Piazzese.
2. Giulia, fin da piccola, è andata al mare in Sicilia.
   ______
3. Per superare quest'esame hai studiato?
   ______
4. Quest'estate non avete studiato e non avete lavorato.
   ______
5. I tuoi amici ti hanno aiutato nei momenti difficili.
   ______
6. Ho faticato per convincere Mario a venire in vacanza con me.
   ______
7. Hai speso un sacco di soldi e non ti sei divertita.
   ______
8. Sei uscita con Paolo ieri sera?
   ______
9. Paolo e Francesca si sono amati.
   ______
10. Ma cosa succede? Oggi non hai fatto colazione e non hai pranzato!
    ______
11. Vi siete comportati in modo corretto.
    ______
12. Ieri ho cucinato, ho pulito la casa e ho fatto la spesa!
    ______

5. Ti rispondo con un avverbio!

Rispondi alle domande, in modo affermativo o negativo, usando il passato prossimo dei verbi in ***neretto****, i pronomi e gli avverbi, come nell'esempio. Sono possibili varie soluzioni.*

appena | ancora | già | mai | molto | poco

1. **Hai letto** il libro che ti ho prestato?
   Sì, l'ho già letto. / Sì, l'ho appena letto. / No, non l'ho ancora letto.
2. **Avete fatto** la spesa?
   ____
3. **Sei andata** dal parrucchiere?
   ____
4. **Hai preparato** la valigia?
   ____
5. Quest'anno **avete fatto** le vacanze da soli?
   ____
6. **Hai parlato** con tuo marito delle prossime vacanze?
   ____
7. **Sei passata** da Giulia?
   ____
8. Quand'è che **hai visto** Gianni?
   ____
9. Amore, **hai preso** le chiavi di casa?
   ____
10. Quanto **hai guadagnato** per le tue consulenze?
    ____
11. **Hai fatto** colazione?
    ____
12. **Avete comprato** i biglietti per il concerto di Fabri Fibra?
    ____
13. **Hai provato** quel prosecco che è in offerta?
    ____
14. **Hai passato** le Feste con la tua famiglia?
    ____

I pronomi e il passato prossimo

Quando il complemento oggetto è un pronome diretto singolare (*lo, la*), la concordanza del participio passato è obbligatoria, i pronomi perdono la vocale e vanno apostrofati.

- ■ Avete letto **il libro** che vi abbiamo prestato?
- • Sì, **l'** (= lo) abbiamo letto la scorsa settimana.
- ■ Hai comprato tu **la pasta**?
- • No, **l'** (= la) ha comprata Judit.
- ■ Hai restituito **il libro** a Mario?
- • Sì, glie**l'**ho restituito ieri

La spesa, **l'** (= la) ho fatta stamattina.

Quando il complemento oggetto è un pronome diretto plurale (*li, le*) o la particella *ne*, la concordanza del participio passato è obbligatoria. In questo caso i pronomi non vanno apostrofati.

- ■ Avete visto **i vestiti** di quel negozio?
- • No, non **li** abbiamo visti.
- ■ Ieri hai incontrato **Anna e Pina**?
- • No, **le** ho viste la settimana scorsa.

Sono stato in **molte città cinesi** e **ne** ho viste alcune veramente incredibili!

Le piante, **le** hai annaffiate tutti i giorni?

Con i pronomi diretti di prima e seconda persona, singolare o plurale, (*mi, ti, ci, vi*), la concordanza del participio passato con i pronomi è facoltativa.

Claudia, ma tuo fratello **ti** ha salutato quando è uscito?	=	Claudia, ma tuo fratello **ti** ha salutata quando è uscito?

Con i verbi riflessivi, quando sono seguiti da un complemento oggetto, la concordanza del participio può avvenire sia con il soggetto che (meno comune) con il complemento oggetto

Claudia si è tagliata i capelli.	=	Claudia si è tagliati **i capelli**.

Con i pronomi indiretti il participio passato rimane invariato.

- ■ Hai telefonato a Giulia e Maria?
- • Sì, **gli** ho telefonato ieri.
- ■ Hai telefonato alla signora Fini?
- • Sì, **le** ho telefonato ieri.

1. In partenza per le vacanze

Paolo e Maria sono in partenza per una lunga vacanza e ripassano la lista delle cose da fare. Abbina le domande alle risposte giuste, come nell'esempio.

1. Hai spento il frigorifero?	a. Sì, le ho prese.
2. Hai preso la borsa?	b. Sì, li ho presi.
3. Hai preso le scarpe?	c. No, non l'ho preso.
4. Hai preso i biglietti?	d. Sì, l'ho spento.
5. Hai preso il cappello?	e. Sì, l'ho presa.
6. Hai pagato l'affitto?	f. No, non l'ho pagata.
7. Hai pagato le bollette?	g. Sì, li ho pagati.
8. Hai pagato la baby sitter?	h. No, non l'ho pagato.
9. Hai pagato gli operai?	i. Sì, le ho pagate.
10. Hai chiuso le finestre?	l. Sì, l'ho chiuso
11. Hai chiuso il gas?	m. Sì, l'ho chiusa.
12. Hai chiuso la cantina?	n. Sì, le ho chiuse.

1 d | 2 __ | 3 __ | 4 __ | 5 __ | 6 __ | 7 __ | 8 __ | 9 __ | 10 __ | 11 __ | 12 __

2. La lettera finale

Completa il participio passato con la lettera finale, come nell'esempio.

1.	le amiche	Le ho incontrat_e_ ieri
2.	i libri	Non li ho ancora lett___.
3.	la casa	L'abbiamo comprat___ l'anno scorso.
4.	il gelato	L'ha digerit___ con difficoltà.
5.	l'aereo	L'avete pres___ il mese scorso.
6.	la macchina	L'hanno guidat___ a turno.
7.	la lezione	Non l'ha studiat___ nessuno.
8.	gli amici	Li avete incontrat___ in piazza.
9.	i film	Li avete vist___ al cinema.
10.	Madrid	L'hai visitat___ tante volte.
11.	i caffè	Oggi ne ho bevut___ tre.
12.	le scarpe	Le ho comprat___ in internet.

esercizi

3. Il pronome mancante

Completa le frasi con il pronome diretto corretto, come nell'esempio

1. il computer — L' ho comprato lo scorso anno.
2. la cena — ___ avete preparata in poco tempo.
3. le signore — Non ___ hai salutate.
4. il professore — ___ hanno premiato perché è bravo.
5. i ragazzi — ___ abbiamo aiutati con una borsa di studio.
6. gli spaghetti — Non ___ hai mangiati perché erano scotti.
7. lo spettacolo — ___ ha visto insieme a sua sorella.
8. i vestiti — ___ ho comprati in Francia.
9. le città — ___ abbiamo visitate con i miei figli.
10. il viaggio — Non ___ hanno fatto da soli.
11. il treno — ___ hai perso perché sei sempre distratto!
12. Giulia — Non ___ ho incontrata perché non ho avuto tempo.

4. Il pronome e la lettera che servono

Completa le frasi con il pronome diretto o con la particella ***ne*** *e con la lettera finale del participio passato, come nell'esempio.*

1. I vestiti li abbiamo comprati di seconda mano.
2. Il vino non ___ hanno bevut___ perché era caldo.
3. La metropolitana non ___ ho pres___ perché preferisco camminare.
4. Avete comprato i dolci ma ___ avete mangiat___ tutti!
5. Quel cd ___ ho ascoltat___ prima della partita per caricarmi.
6. Le grotte di Frasassi ___ abbiamo visitat___ la settimana scorsa.
7. Il sushi non ___ ho comprat___ perché non era fresco.
8. La birra ___ avete portat___ voi?
9. Negli ultimi anni le vacanze non___ ho mai fatt___ con mio marito.
10. Il pane ___ hai già comprat___ tu?
11. Di quei vestiti ___ ho comprat___ tre!
12. Le tasse universitarie non ___ hai ancora pagat___ ?

5. Il pronome e la lettera necessari

*Completa le frasi con il pronome diretto o la particella **ne** e con la lettera finale del participio passato, come nell'esempio.*

1. Maria ha preso dei voti eccellenti e __l'__ hanno premiat__a__.
2. Quei libri, il tuo scrittore preferito ____ ha scritt____ 5 anni fa.
3. Il giornale non ____ ho comprat____ perché l'edicola era chiusa.
4. I film americani ____ abbiamo sempre vist____ in versione originale.
5. Le pizze che state mangiando ____ ho pagat____ io.
6. Se ti piacciono i gelati perché ____ hai mangiat__ solo due, piccolissimi?
7. I biglietti per il cinema ____ ha comprat____ Massimo.
8. Non mi ricordo se questa camicia me ____ ha regalat____ mia moglie.
9. Sono un fan di Ludovico Einaudi e ____ ho vist____ dal vivo tante volte.
10. Quelle scarpe sono ancora nuove, non ____ hai mai mess____?
11. La casa al mare ____ abbiamo affittat____ per tutto l'anno.
12. Le prime parole dette da mia figlia non ____ ho mai dimenticat____.

6. Scegli e sottolinea

Leggi la frase e sottolinea il complemento oggetto corretto, come nell'esempio.

1. Te l'ho dato ieri.	a. un bacio	b. la macchina	c. i soldi
2. Ve li porto domani.	a. le scarpe	b. i libri	c. la spesa
3. Non gliel' ho scritta.	a. la mail	b. le lettere	c. il discorso
4. Se li sono messi.	a. il vestito	b. le scarpe	c. i vestiti
5. Le abbiamo incontrate.	a. gli amici	b. tua figlia	c. le amiche
6. Gliel'ho data poco fa.	a. il pane	b. una cosa	c. le penne
7. Glieli ho mandati ieri.	a. le casse	b. la busta	c. i documenti
8. Ce le siamo godute.	a. il fine settimana	b. lo spettacolo	c. le vacanze
9. Non te l'ho mai detto.	a. una cosa	b. un segreto	c. le bugie
10. L'hai già preso?	a. la birra	b. i biglietti	c. lo stipendio
11. Ce le hai portate?	a. il vino	b. i computer	c. le pizze
12. Li hanno visti.	a. il gatto	b. gli amici	c. le ragazze

esercizi

7. Completa le frasi

Completa le frasi con il passato prossimo dei verbi tra parentesi e aggiungi il pronome, come nell'esempio.

1. Ma voi quest'auto (*comprare*) l'avete comprata nuova o usata?
2. Paola, il conto (*pagare*) ______________________ tu?
3. Ragazzi, i vostri genitori (*avvisare*) ______________________?
4. Mario, i biglietti per domani non (*comprare*) ______________________ ancora ______________________?
5. Il caffè che hai preparato non (*bere*) ______________________ perché era schifoso.
6. Ieri ho provato i supplì e ne (*mangiare*) ______________________ tanti perché sono deliziosi!
7. I libri che mi hai prestato non (*leggere*) ______________________ ancora ______________________
8. I miei figli non si aspettavano tutti quei regali e quando (*vedere*) ______________________ hanno fatto i salti di gioia!
9. Delia ha comprato un vestito costoso ma poi (*restituire*) ______________________
10. Io il punk rock non (*prendere*) ______________________ mai ______________________ in considerazione.

8. Completa altre frasi

Completa le frasi con il passato prossimo dei verbi tra parentesi e aggiungi il pronome, come nell'esempio.

1. Quest'anno le vacanze (io – *passare*) le ho passate in Olanda.
2. Andrea Camilleri i suoi libri (*scrivere*) ______________________ dopo i 60 anni.
3. Fabio quel vestito (*indossare*) ______________________ solo una volta.
4. John ha comprato la pasta ma (*cucinare*) ______________________ proprio male!
5. Questi dolci (tu – *comprare*) ______________________ nella pasticceria sotto casa?
6. Ma è vero che tua moglie (tu – *conoscere*) ______________________ su Facebook?
7. Questa zuppa (voi – *fare*) ______________________ seguendo la ricetta di Giulia?
8. I capelli di mia figlia (io – *pettinare*) ______________________ come prescrive la moda.
9. Ho comprato 4 birre ma (io – *bere*) ______________________ solo due.
10. Quel tipo di sigarette non (loro – *fumare*) ______________________ mai ______________________.
11. Venezia è una città è così bella che (noi – *visitare*) ______________________ 5 volte!
12. Ieri vi ho mandato una mail, (voi – *leggere*) ______________________ già ______________________?

9. Giusta o sbagliata?

Segna se la frase è giusta (👍) o sbagliata (👎) e sottolinea la parte sbagliata, come nell'esempio.

	👍	👎
1. I tuoi amici li ho visto ieri.		✓
2. La cena non l'ho pagata mica io!		
3. La pizza l'avete già ordinato?		
4. La frutta non l'ho mangiato perché non era matura.		
5. Il telefono l'ha inventato Marconi o Bell?		
6. La settimana scorsa l'ha passato a letto con la febbre.		
7. I film migliori l'abbiamo visti a casa vostra.		
8. Non credi che quelle scarpe le hai pagato troppo?		
9. Quando Mario ha incontrato Giulia, lei non l'ha baciata.		
10. Le tue gonne le hai comprato di seconda mano?		
11. Quei libri li avete letti in pochissimi giorni.		
12. Ma perché ieri la spesa l'hai fatto in quel negozio?		
13. I tuoi amici li ho incontrato al bar.		
14. Quel film è bellissimo, l'ho visto almeno tre volte!		
15. Dov'è la tua gatta? Oggi non l'ho visto.		
16. Le pizze non le avete ancora mangiato?		

10. Riscrivi corretto

Scrivi la forma corretta delle frasi che hai sottolineato nell'esercizio 9.

▶ 1. I tuoi amici li ho visti ieri.
▶ ______________________________
▶ ______________________________
▶ ______________________________
▶ ______________________________
▶ ______________________________
▶ ______________________________
▶ ______________________________
▶ ______________________________
▶ ______________________________
▶ ______________________________
▶ ______________________________

11. In vacanza con i bambini

Leggi i post, poi sottolinea l'opzione corretta e ~~cancella~~ quelle sbagliate.

Forum viaggi > Viaggi con bambini > **Mare o montagna?**

GianniFast

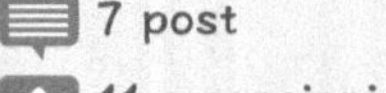

7 post

11 recensioni

Ciao a tutti!
Siamo una famiglia con 2 bambini, uno di 7 e l'altro di 9 anni. Siamo indecisi se andare in vacanza ad agosto in montagna, sulle Dolomiti, o andare a luglio in Sardegna, che non conosciamo. Qualche consiglio?

Pace1977

30 post

15 recensioni

Ciao,
io conosco bene le Dolomiti perché **l'ho visitata / le ho visitato / le ho visitate** per due anni e anche in agosto c'è sempre qualche angolo libero mentre in Sardegna è difficile trovare alloggio a luglio, se non **l'hai prenotato / le hai prenotato / l'hai prenotata** con molto anticipo.

Pallino23

12 post

8 recensioni

Ciao Gianni,
ti consiglio le Dolomiti, per i bambini sono perfette. Ci sono laghi, fiumi, sentieri e anche animali, **ne abbiamo incontrato / ne abbiamo incontrati / li abbiamo incontrati** tanti! Anche le spiagge della Sardegna orientale, però, se non **le hai mai viste / l'hai mai visto / le hai mai visto** sono meravigliose!

12. Pronome e participio

Completa le frasi con il pronome diretto e il participio passato del verbo fra parentesi, come nell'esempio.

1. (*comprare*) Queste scarpe __le__ abbiamo appena __comprate__.

2. (*regalare*) Questi libri me ____ ha ____________ mia sorella.

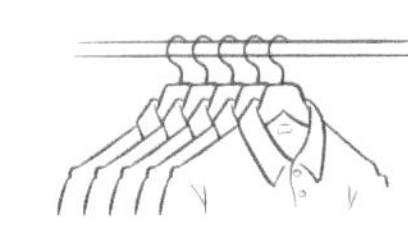

3. (*mettere*) Amore, le camicie _____ hai già ___________ a posto tu o ci pensa Giulia?

4. (*toccare*) Ti ho lasciato molte cose da mangiare ma non _____ hai neanche ____________!

5. (*lavare*) I piatti non _____ ho ancora ______________.

6. (*montare*) Abbiamo comprato una libreria un mese fa ma non ______ abbiamo ancora _________________.

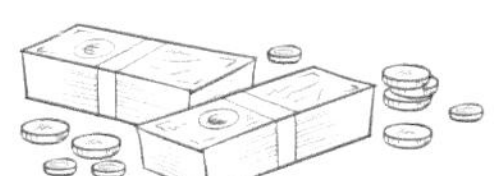

7. (*guadagnare*) Chissà se i tuoi amici tutti quei soldi _____ hanno ________________ onestamente!

8. (*chiedere*) Guardate, sinceramente, non mi ricordo se questa cosa me _____ avete già ________________.

9. (*portare*) La mia cagnolina non stava bene e ieri _____ ho ______________ dal veterinario per una visita.

10. (*vedere*) Le foto dell'estate scorsa non ______ avete ancora ______________?

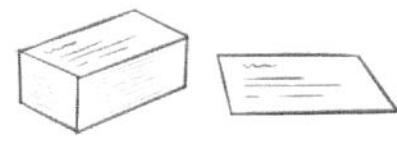

11. (*buttare*) Ma Mario, i biglietti da visita non si usano più, io _____ ho _____________ da un sacco di tempo!

12. (*presentare*) Le mie amiche non _____ ho ancora _______________ a nessuno dei miei colleghi.

esercizi

1. Scegli quella giusta

Sottolinea la forma corretta e ~~cancella~~ quella sbagliata, come nell'esempio.

Mi chiamo Roberto e

ho nato	sono nato

a Roma ma nel 1990

mi ho trasferito	mi sono trasferito

in Spagna. Anche mia moglie

ha venuta	è venuta

in Spagna con me e a Madrid

è nata	ha nata

mia figlia Chiara che

ha studiato	è studiato

giornalismo e poi, nel 2015,

ha deciso	è deciso

di andare a Londra per lavorare.

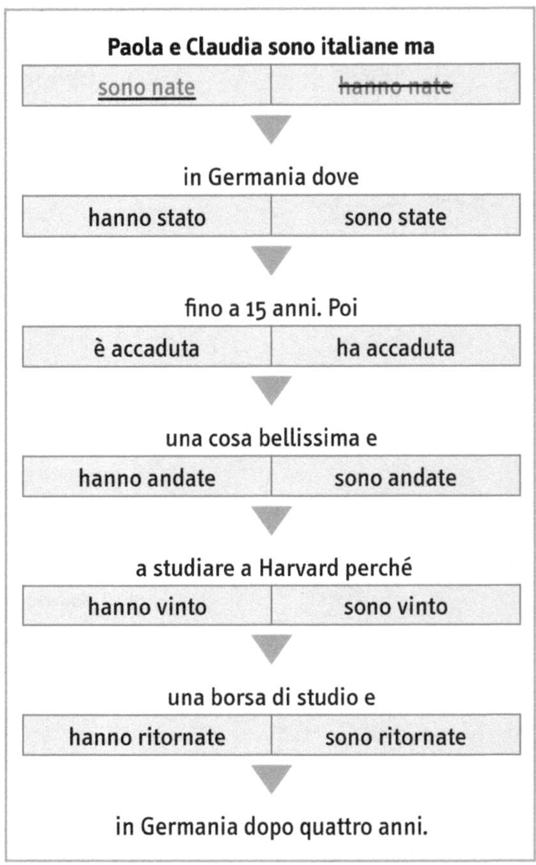

Paola e Claudia sono italiane ma

sono nate	~~hanno nate~~

in Germania dove

hanno stato	sono state

fino a 15 anni. Poi

è accaduta	ha accaduta

una cosa bellissima e

hanno andate	sono andate

a studiare a Harvard perché

hanno vinto	sono vinto

una borsa di studio e

hanno ritornate	sono ritornate

in Germania dopo quattro anni.

2. L'anno magico di Aurora

Sottolinea la forma corretta e ~~cancella~~ quella sbagliata, come nell'esempio.

Aurora ( ) racconta: "L'anno passato per me è / ~~ha~~ stato veramente un ottimo anno perché **sono / ho** vinto una bella somma alla Lotteria Italia! **Sono / Ho** pensato di usare quei soldi per lavorare di meno e stare di più con la mia famiglia; **sono / ho** andata spesso all'estero e **sono / ho** avuto tempo di studiare anche il giapponese, una mia passione da sempre. Io e mio marito, finalmente, **abbiamo / siamo** riusciti a fare il viaggio dei nostri sogni e **abbiamo / siamo** andati in Giappone. Per due mesi **abbiamo / siamo** viaggiato per tutto il Paese, **abbiamo / siamo** incontrato persone molte interessanti e **abbiamo / siamo** entrati nella cultura di quella nazione. Mio marito **si è / si ha** rilassato per la prima volta in molti anni. Io **ho / sono** riuscita anche a scrivere un libro di fiabe per ragazzi e anche questo mi **ha / è** cambiato un poco la vita perché era un desiderio che avevo da tanti anni e che alla fine **sono / ho** riuscita a realizzare".

3. Essere o avere?

Completa le frasi con i verbi ausiliari, come nell'esempio.

~~sono~~ | avete | ha | sono | hai | siamo | è | sono | siete | hanno | sono | ha

1. Non dire a nessuno che ___sono___ stato io.
2. Mia madre ______________________ uscita con la sua miglior amica.
3. Ieri, io e Anna ci ______________________ viste con Margherita.
4. Se ______________________ bevuto non dovete guidare!
5. Maria e Paola ______________________ tornate a casa molto tardi.
6. Francesca ______________________ abitato in Italia.
7. Fabio, perché ieri ______________________ mangiato poco?
8. Le isole Eolie vi ______________________ piaciute?
9. Lo scorso anno ______________________ successe molte cose.
10. Tuo nipote ______________________ avuto molta fortuna.
11. Voi ______________________ mai andate in Irlanda?
12. I tuoi genitori non ______________________ apprezzato la cena.

4. Se completi è meglio!

Completa le frasi con il passato prossimo dei verbi tra parentesi, come nell'esempio.

1. Ieri io non (*fare*) ___ho fatto___ tutti i compiti e il professore si è arrabbiato.
2. Non vi vedo da due mesi ragazze, dove (*stare*) ______________________________?
3. Che strano, oggi Aldo (*pettinarsi*) ______________________________ malissimo!
4. Ragazze, ma ieri sera, dove (*andare*) ______________________________?
5. A Giulia (*succedere*) ______________________________ una bella cosa, ora te la dico.
6. Ma voi, in montagna, non (*avere*) ______________________________ freddo?
7. Tuo marito mi (*sembrare*) ______________________________ una persona interessante.
8. In quest'ultimo anno (*succedere*) ______________________________ tante cose!
9. Claudia deve stare un po' giù, oggi non (*vestirsi*) ______________________________ bene.
10. Pablo, come mai ieri sera (*rimanere*) ______________________________ a casa?
11. Sono stanco perché (*lavorare*) ______________________________ tutto il giorno.
12. Io e Fabio questo mese non (*uscire*) ______________________________ neanche una sera.
13. Questa cena mi (*sembrare*) ______________________________ ottima!
14. Ieri ho incontrato per la prima volta i miei suoceri e (*piacere*) ______________________________ molto!

5. Trasformazioni, che bellezza!

Trasforma le frasi al passato prossimo in base al simbolo, come nell'esempio.

	PRESENTE	PASSATO PROSSIMO
	1. Vedo la partita a casa di Giulio.	Ho visto la partita a casa di Giulio.
	2. Compriamo il vino per la festa.	______________
	3. Esce da casa alle 7 e va al lavoro.	______________
	4. Tornano alle 10?	______________
	5. Lavoriamo tutta l'estate.	______________
	6. Mi sembrano due brave ragazze	______________
	7. Con lui ci annoiamo da morire!	______________
	8. Quest'auto la guido sempre io.	______________
	9. Per il viaggio questi soldi ci bastano.	______________
	10. Non rimango a Parigi con mia madre.	______________
	11. Faccio tutti gli esercizi ed esco.	______________
	12. Il Tibet ci piace molto.	______________
	13. Questa settimana ballo ogni sera.	______________
	14. Mi perdo nel parco.	______________
	15. Mia figlia non va mai allo stadio.	______________
	16. Questa festa mi sembra bellissima!	______________
	17. Andiamo al concerto perché è gratis.	______________
	18. Ci vestiamo in 5 minuti e usciamo.	______________
	19. Giulia, prendi tu l'ombrello?	______________
	20. Ci piacciono le barzellette che racconti.	______________

6. La settimana scorsa

Riscrivi le frasi al passato prossimo, come nell'esempio

OGGI	LA SETTIMANA SCORSA
1. Mangio la pizza.	Ho mangiato la pizza.
2. Paolo e Ugo vanno al cinema.	
3. Claudia va in Italia.	
4. Mia sorella mi fa un regalo.	
5. Loro navigano su Internet.	
6. Le mie zie fanno una festa.	
7. Giulia ed Eva si divertono.	
8. Mio padre gioca a calcio.	
9. A Franco succede una cosa strana.	
10. Tu e Aldo salite su una Ferrari.	

7. Il participio nascosto

Ogni parola nasconde il participio passato di un verbo irregolare. Cercalo, sottolinealo e completa la tabella, come nell'esempio.

PAROLA	PARTICIPIO PASSATO	INFINITO
1. contestatore	stato	stare
2. benefattore		
3. maledetto		
4. imprevisto		
5. compromesso		
6. sorpreso		
7. benvenuto		
8. dialetto		
9. intimidatorio		
10. governatore		
11. discorso		
12. sottoscrittori		
13. intrapersonale		
14. trapianto		

esercizi

8. La giornata di Angela e Carlo

Completa il participio passato dei verbi con la lettera finale, come negli esempi.

	ANGELA	CARLO	ANGELA E CARLO
1. ALZARSI	Si è alzat_a_ presto.	Si è alzat_o_ presto.	Si sono alzat_i_ presto.
2. FARE	Ha fatt__ colazione.	Ha fatt__ colazione.	Hanno fatt__ colazione.
3. USCIRE	È uscit__ di casa alle 8.	È uscit__ di casa alle 10.	Non sono uscit__ alla stessa ora.
4. PRENDERE	Ha pres__ l'autobus.	Ha pres__ l'autobus.	Hanno pres__ l'autobus.
5. ANDARE	È andat__ al lavoro.	È andat__ al lavoro.	Sono andat__ al lavoro.
6. PRANZARE	Ha pranzat__ al ristorante.	Ha pranzat__ in mensa.	Non hanno pranzat__ insieme.
7. INCONTRARSI	Si è incontrat__ con due amiche.	Si è incontrat__ con un amico.	Si sono incontrat__ con i loro amici.
8. TORNARE	È tornat__ a casa alle 21.	È tornat__ a casa alle 20.	Non sono tornat__ a casa alla stessa ora.
9. CENARE	Ha cenat__.	Ha cenat__.	Hanno cenat__.
10. VEDERE	Ha vist__ la TV.	Ha vist__ la TV.	Hanno vist__ la TV.
11. LEGGERE	Ha lett__ il giornale.	Ha lett__ un libro.	Hanno lett__ cose differenti.
12. ADDORMENTARSI	Si è addormentat__.	Si è addormentat__.	Si sono addormentat__.

9. Un viaggio indimenticabile

Completa il testo con i verbi, come nell'esempio.

siamo partiti | sono stato | siamo rimasti | hanno continuato | ~~è stato~~ | abbiamo dormito
abbiamo mangiato | è stato | siamo partiti | siamo arrivati | ci siamo trasferiti | siamo tornati
mi sono fermato | ci siamo divertiti | abbiamo conosciuto

Il mio primo viaggio all'estero ___è stato___ in Danimarca, molti anni fa.
Ci ________________ con due amici, Claudio e Stefano. ________________ da Roma in treno e ________________ a Copenaghen due giorni dopo. Dopo più di una settimana in Danimarca ________________ per Praga dove ________________ in hotel lussuosi e, siccome era tutto economico, ________________ in ottimi ristoranti! Dopo 5 giorni ________________ a Vienna, ________________ 5 giorni lì e poi ________________ in Italia ma con destinazioni differenti. Io ________________ a Padova da alcuni amici e Claudio e Stefano ________________ il loro viaggio fino a Roma. In quel viaggio ________________ molte persone interessanti e ________________ tantissimo, ________________ proprio un viaggio indimenticabile!

10. La voce dell'innocenza

Completa il testo con il passato prossimo dei verbi tra parentesi.

Quando io e mia moglie (*essere*) ________________ invitati a una trasmissione televisiva sulle coppie miste, mio figlio di nove anni mi (*chiedere*) ________________: "Papà, cosa vuol dire una coppia mista?".
(Io – *rispondere*) ________________: "Vedi che papà è nero e la mamma è bianca: noi siamo una coppia mista, per la gente è una cosa nuova e vogliono che ne parliamo.".
Dopo averci pensato un po' mi (*guardare*) ________________ e (*dire*) ________________: "Boh, per me una coppia mista è un uomo che (*sposare*) ________________... un robot!".

Kossi Komla-Ebri
Imbarazzismi
Quotidiani imbarazzi in bianco e nero
Introduzione di Laura Balbo
! ?
EDIZIONI DELL'ARCO - MARNA

Kossi Komla Ebri, *Imbarazzismi*, Ediarco, Bologna, 2010

11. Venezia amore mio

Completa i participi passati con la lettera finale, come nell'esempio.

Giulia ( ) racconta: "Sono andata__ molte volte a Venezia e ogni volta è stat___ come entrare in un sogno. In questa città ho passeggiat___ sotto la pioggia e con il vento in faccia, mi sono fermat___ nelle piazze con il sole e con la neve, ho camminat___ in mezzo alla nebbia, sono salit___ e sono sces___ dai suoi ponti mille volte. Mi sono sentit___ spesso come il personaggio di un romanzo o di un film: a volte d'amore, altre volte d'avventura. Ho vist___ l'alba e il tramonto da molte rive. Ho sentit___ freddo, caldo, tepore e stupore. E ho sentit___ sempre amore per questa città in cui mi sono innamorat___ tante volte. Non ho mai piant___ di tristezza, perché se passeggi per Venezia significa che sei nat___, sei cresciut___, sei diventat___ un essere umano e hai sentit___ la bellezza della vita".

12. Venezia amore nostro

Completa i participi passati con la lettera finale, come nell'esempio.

Marta e Paola ( ) raccontano: "Siamo andate__ molte volte a Venezia e ogni volta è stat___ come entrare in un sogno. In questa città abbiamo passeggiat___ sotto la pioggia e con il vento in faccia, ci siamo fermat___ nelle piazze con il sole e con la neve, abbiamo camminat___ in mezzo alla nebbia, siamo salit___ e siamo sces___ dai suoi ponti mille volte. Ci siamo sentit___ spesso come i personaggi di un romanzo o di un film: a volte d'amore, altre d'avventura. Abbiamo vist___ l'alba e il tramonto da molte rive. Abbiamo sentit___ freddo, caldo, tepore e stupore. E abbiamo sentit___ sempre amore per questa città in cui ci siamo innamorat___ tante volte. Non abbiamo mai piant___ di tristezza, perché se passeggi per Venezia significa che sei nat___, sei cresciut___ e sei diventat___ un essere umano e hai sentit___ e continui a sentire la bellezza della vita".

13. La Fiat 500

Completa il testo con il passato prossimo dei verbi tra parentesi.

La Fiat 500 (*nascere*) ______________________________ nel 1957 e
(*rappresentare*) ______________________________ uno dei simboli del boom economico in Italia.
(*Essere*) ______________________________ prodotta per 20 anni, in più di 4 milioni di esemplari,
e dopo il primo modello (*evolversi*) ______________________________
ed (*cambiare*) ______________________________, con la produzione di versioni speciali
e sportive che (*avere*) ______________________________ grande successo e
(*contribuire*) ______________________________ alla sua fama.
Tanti automobilisti italiani (*imparare*) ______________________________ a guidare proprio con la 500,
un'auto con un prezzo accessibile a molti.
La 500 (*scomparire*) ______________________________ dai listini nel 1975 ma nel 2007 la Fiat
(*lanciare*) ______________________________ sul mercato una versione aggiornata che
(*avere*) ______________________________ un grande successo di pubblico.

14. I mercoledì di Stefano

Ogni mercoledì, per Stefano, è un giorno speciale. Riscrivi il testo, che è al presente, e trasformalo al passato prossimo, dove opportuno, come nell'esempio.

PRESENTE

Ciao a tutti, mi chiamo Stefano e sono italiano. Voglio raccontarvi un giorno della mia settimana, il mercoledì, quando vado da Milano (dove vivo) a Londra (dove lavoro per tre giorni a settimana). Ogni mercoledì prendo l'aereo e vado a Londra e la mia giornata inizia molto presto perché mi sveglio alle 5:45. Dopo 10 minuti mi alzo, mi faccio la doccia, prendo un caffè e controllo la posta elettronica. Verso le 7 esco di casa e per andare all'aeroporto prendo un taxi: come sempre, faccio quattro chiacchiere con il tassista. Il volo parte puntuale, è uno dei vantaggi di partire la mattina presto. Appena arrivo a Londra accendo subito il mio cellulare per controllare se c'è qualche variazione nel programma della giornata dopodiché vado nella sede dell'impresa per l'incontro settimanale con il direttore. Dopo l'appuntamento con il "grande capo" faccio una piccola pausa, poi vado al ristorante di Mayfair e parlo con il mio amico David dei nuovi progetti. Trascorro due ore con lui e dopo faccio un'altra piccola pausa. Come ogni settimana, il pomeriggio, ho una riunione con i colleghi per parlare delle attività dei prossimi mesi e alla fine dell'incontro, tutti insieme, andiamo a cena con il mio direttore e parliamo di politica, famiglia, lavoro, cinema, ecc. Alle 22:30 vado a dormire, e mi addormento appena metto la testa sul cuscino!

PASSATO PROSSIMO

Ciao a tutti, mi chiamo Stefano e sono italiano. Voglio raccontarvi un giorno della mia settimana, il mercoledì, quando vado da Milano (dove vivo) a Londra (dove lavoro per tre giorni a settimana). Ieri, come ogni mercoledì, ho preso

15. Stefano diventa Stefania

*Rileggi il testo dell'esercizio 14 e riscrivilo cambiando i verbi, come nell'esempio. Questa volta la protagonista della storia è una donna, **Stefania**.*

Alle 5:45 ___mi sono svegliata___. Alle 5:55 (*alzarsi*) ______________, (*farsi*) la doccia, (*prendere*) ______________ un caffè e (*controllare*) ______________ la posta elettronica. Verso le 7 (*uscire*) ______________ di casa, (*prendere*) ______________ un taxi per andare all'aeroporto e come sempre (*fare*) ______________ quattro chiacchere con il tassista. Il volo (*partire*) ______________ puntuale. Appena (*arrivare*) ______________ a Londra (*accendere*) ______________ subito il mio cellulare dopodiché (*andare*) ______________ nella sede dell'impresa. Dopo l'appuntamento con il "grande capo" (*fare*) ______________ una piccola pausa, poi (*andare*) ______________ al ristorante di Mayfar e (*parlare*) ______________ con il mio amico David. (*Trascorrere*) ______________ due ore con lui e dopo (*fare*) ______________ un'altra piccola pausa. Il pomeriggio (*avere*) ______________ una riunione con i colleghi e alla fine dell'incontro (*andare*) ______________ a cena con il mio direttore. (*Parlare*) ______________ di politica, famiglia, lavoro, ecc. Alle 22:30 (*andare*) ______________ a dormire e (*addormentarsi*) ______________ appena (*mettere*) ______________ la testa sul cuscino!

esercizi

16. Sottolinea e segna

Segna se la frase è giusta (👍) o sbagliata (👎) e sottolinea gli errori, come negli esempi. Nella stessa frase ci possono essere verbi corretti e sbagliati.

	👍	👎
1. Quando i tuoi amici <u>mi ha telefonato</u> ero in bagno e non ho potuto rispondere.		✓
2. Non ho cenato con Antonio perché non avevo fame e perché la settimana scorsa non è stato gentile con me.	✓	
3. Ieri mi è accaduto una cosa incredibile ma te la racconto domani, devo fare ancora tante cose e non ho tempo.		
4. Mario è stato molto maleducato con noi e per questa ragione non abbiamo accettato il suo invito a cena.		
5. Giulio e Claudio sono stati in Spagna una settimana, si sono divertito molto e hanno dormito pochissimo.		
6. La torta di tua madre mi ha piaciuto moltissimo, è stata proprio generosa, ha cucinato tutto il giorno per noi!		
7. Ieri io e Fabio siamo andati al mare, siamo stati tutto il giorno al sole e abbiamo anche affittato una barca.		
8. Carla ha comprato una casa in Toscana due anni fa e ci è andata ogni mese, fino a quando non ha successo una cosa strana		
9. Luca, hai comprato il giornale o, come sempre, hai trovato sulla porta del negozio il cartello di "Chiuso per problemi personali"?		
10. Oggi mi ho vestita bene perché ho un appuntamento importante. La settimana scorsa ho conosciuto un bel ragazzo e...		

17. La forma corretta

Scrivi nella forma corretta le frasi sbagliate dell'esercizio 16, come nell'esempio.

▶ Mi hanno telefonato.
▶ ______
▶ ______
▶ ______
▶ ______
▶ ______

18. A domanda risponde

Completa i dialoghi con i verbi della colonna sinistra al passato prossimo, come nell'esempio.

1a. STARE	■ Sandro, quanto tempo (tu) _____sei stato_____ in Germania?
1b. ABITARE	• Io poco, Maria invece _____ha abitato_____ a Berlino più di un anno.
2. SVEGLIARSI	■ Ciro, ma ieri, a che ora (voi) ____________________?
	• Fabio non lo so, io __________________ alle 7.
3. RIMANERE	■ Tuo marito __________________ a casa ieri sera?
	• Sì, e anche le mie figlie ci ____________________.
4a. PIACERE	■ Fabio, le spiagge della Puglia ti ____________________?
4b. SEMBRARE	• Sì! E la gita alle Tremiti ____________________ meravigliosa.
5a. PRENDERE	■ In tutta la mia vita non (io) _____ mai ________ una multa!
5b. FARE	• Beato te! A me, di multe, ne __________________ più di 100!
6. PASSARE	■ Giulia, __________________ al mercato per comprare il pesce?
	• No, __________________ tutta la mattina al lavoro.
7. PAGARE	■ Quanto (loro) ____________________ i biglietti per il concerto?
	• Non lo so, io il mio l'____________________ solo 15 euro.
8a. PROVARE	■ Ragazze, perché ieri non ____________________ il tiramisù?
8b. MANGIARE	• Ma sì che lo ______________________, non te lo ricordi?
9a. FARE	■ Mario, con chi __________________ le vacanze di Natale?
9b. TRASCORRERE	• Come al solito le ____________________ con i miei genitori.
10. ARRABBIARSI	■ Ieri Paola e Franco __________________ tantissimo con i figli!
	• Sul serio? E la mamma di Paola, __________________ anche lei?
11. DIVENTARE	■ Tua figlia __________________ bellissima, complimenti!
	• Grazie, anche i tuoi figli ____________________ bellissimi!
12a. DIVERTIRSI	■ Ieri Carla ____________________ molto alla festa di Claudio.
12b. ANNOIARSI	• Io e Paolo, invece, ______________________ da morire.

19. Il venerdì di Stefi e Chiara

Prova a immaginare, in base al profilo e ai verbi nel riquadro, cosa hanno fatto Stefi e Chiara venerdì scorso.

Salve, mi chiamo **Stefi Schwarz.**
Sono la direttrice di una scuola di lingue, ho una figlia e un marito, quando ho tempo scrivo poesie e piccoli racconti.
Io sono un miscuglio di razze e di stili.
Amo viaggiare, provare nuovi cibi (anche se spesso sono a dieta) e leggere.
Mi piace dormire, giocare a carte, andare al cinema e comprare cappelli di ogni tipo. Detesto la tecnologia (internet, cellulari, tablet) anche se è fondamentale per il mio lavoro e non mi piacciono per niente le temperature estreme.

Ciao, sono **Chiara Smith.**
Mio padre è italiano e mia madre è spagnola.
Studio psicologia, canto e chitarra.
Amo ballare, andare per musei e mangiare dolci, meglio se in buona compagnia. Mi piacciono le spiagge del Sud, la tecnologia, e la musica.
Sono polemica, generosa, curiosa, riservata e intelligente. Lo affermano i miei genitori, sarà vero, no?

~~svegliarsi alle~~ 7 | ~~svegliarsi alle~~ 11 | fare colazione con pane e marmellata | prendere un caffè
farsi la doccia, pettinarsi e mettersi il profumo | lavarsi velocemente il viso | leggere le mail
navigare su Facebook | prendere la metro | prendere la macchina | andare all'università | andare in ufficio
spegnere il cellulare | accendere il cellulare | entrare in classe | entrare in ufficio
mangiare alla mensa universitaria | mangiare e bere al bar | andare a fare le spese | fare la spesa
giocare a poker | incontrarsi con 6 amici | uscire con un'amica | chattare con un amico | andare al parco
andare al cinema | mangiare una torta al cioccolato | bere un the verde | cenare in un ristorante vegetariano
cenare in un ristorante messicano | tornare a casa alle 23 | leggere un libro
vedere una puntata de "I Simpson" | tornare a casa all'alba

Stefi si è svegliata alle...

Chiara si è svegliata alle...

20. Biografia di Jovanotti

Completa la biografia del cantante Jovanotti con il passato prossimo dei verbi tra parentesi, come nell'esempio.

1. (*Nascere*) È nato a Roma nel 1966.

2. (*Incidere*)____________________ il suo primo disco nel 1987.

3. (*Fare*)____________________ il disc jockey dal 1982 al 1987.

4. Nel 1998 (*conoscere*) ____________________ il suo primo manager.

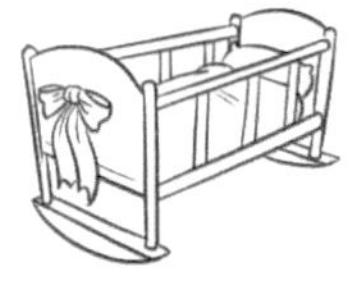

5. Nel 1988 (*nascere*) ____________________ sua figlia.

6. Nel 2007, in un incidente aereo, (*morire*) ____________________ suo fratello.

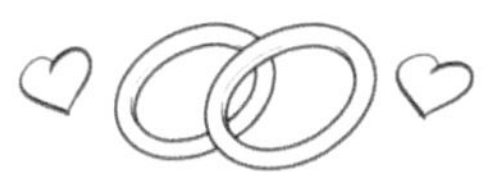

7. Nel 2008 (*sposarsi*) ____________________ con Francesca, sua compagna da sempre.

8. Dal 2012 al 2014 (*vivere*) ____________________ a New York.

9. (*Scrivere*) ____________________ 7 libri.

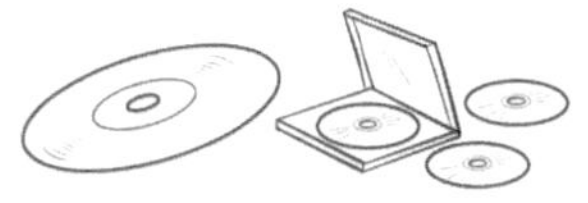

10. (*Vendere*) ____________________ più di 15 milioni di dischi.

21. Fine settimana lavorativo

Completa il dialogo con l'ausiliare e la vocale del participio, come nell'esempio.

MARINA
Ciao ragazze, sono pronti gli esercizi per questa settimana?

FRANCESCA
Quasi pronti. Io li _ho_ fatt_i_ tutti tranne uno.

PAOLA
Io ne __________ fatt__ solo due perché __________ stat__ molto occupata.

MARINA
_____ dovut__ andare a Londra, vero?

PAOLA
Sì, ma __________ dovut__ tornare di corsa perché mia madre __________ cadut__ e si __________ fatt__ male.

MARINA
Mi dispiace, falle tanti auguri. 

FRANCESCA
E Fabio? Sai se i suoi materiali, li __________ preparat__?

MARINA
Non lo so, non l'__________ ancora sentit__ E se Fabio non mi __________ scritt__ è perché non __________ avut__ veramente tempo.
Paola, gli audio per il libro li __________ registrat__?

PAOLA
Accidenti! No! Me li __________ dimenticat__!

FRANCESCA
Non li __________ registrat__ neanch'io, non __________ potut__.

MARINA
Non c'è problema, questo fine settimana facciamo tutto quello che non __________ fatt__ fino ad adesso e recuperiamo, ok?

22. Un incontro imprevisto

Completa il testo con il passato prossimo dei verbi tra parentesi.

L'anno scorso (*succedere*) ____________________ una cosa che ha cambiato un poco la mia vita. Stavo rientrando a casa e (io – *trovare*) ________________ un cane randagio immobile davanti al portone. Quando (noi – *guardarsi*) ________________, io che in casa non (*avere*) ____ mai ___________ neanche un pesciolino rosso, non ci crederete ma (*esserci*) _______________ un vero e proprio colpo di fulmine reciproco! Mi (*sembrare*) ________________ un'idea meravigliosa quella di portare Briciola (l'ho chiamato così) a casa e ci (*bastare*) ________________ pochi giorni per diventare inseparabili. Da allora non (*esserci*) _______________ una sola volta che non abbia dormito accovacciato al mio fianco.

23. I pezzi mancanti

Completa le frasi con il complemento diretto al singolare o plurale e il participio passato del verbo fra parentesi, come negli esempi. Sono possibili varie soluzioni.

~~libro~~ | film | torta | bicicletta | festa | viaggio | ~~giornale~~

1. Ho comprato __il__ __giornale__ ma non l'ho ancora (*leggere*) ___letto___.
2. __I__ __libri__ di Severgnini li abbiamo già (*leggere*) ___letti___ tutti.
3. _____ _________ che ti piace tanto non l'ho ancora (*leggere*) ___________.
4. _____ _________ di cui mi parli l'ho (*vedere*) __________ due giorni fa.
5. _____ _________ che ci hai dato non li abbiamo ancora (*vedere*) __________.
6. _____ _________ non l'ho (*mangiare*) __________ perché sono a dieta.
7. _____ _________ che fa mia madre non le hai mai (*mangiare*) ____________?
8. _____ _________ che ho, le ho (*comprare*) ___________ di seconda mano.
9. _____ _________ che vedi l'ho (*comprare*) ___________ il mese scorso.
10. _____ _________ più divertenti le ho (*fare*) ___________ a 20 anni.
11. _____ _________ più bello l'ho (*fare*) __________ da solo, due anni fa.
12. _____ _________ migliori li ho (*fare*) __________ insieme a mia figlia.

24. I piaceri della vita

Completa il testo con il passato prossimo dei verbi tra parentesi.

A me il basket (*piacere*) ___________________ fin da quando ero adolescente. Dopo il basket mi (*piacere*) ___________________ la ginnastica artistica e grazie ad essa ho incontrato mia moglie. Ci _____ sempre (*piacere*) ___________________ fare tanto sport e stare in mezzo alla natura. A me e mia moglie ______ sempre (*piacere*) ___________________ molto anche i bambini per cui ne (*mettere*) ___________________ al mondo addirittura 4! I piaceri della vita sono anche i molti viaggi che (noi – *fare*) ___________________ in giro per il mondo, i film che (noi – *vedere*) ___________________, i bei libri che (noi – *leggere*) ___________________, le tante notti che (noi – *passare*) ___________________ a parlare con i nostri figli e le risate che (noi – *farsi*) ___________________ con loro. Anche la musica (*essere*) ______ sempre ___________________ un grande piacere e ne (noi – *ascoltare*) ___________________ di tutti i tipi, in grande quantità, in ogni circostanza e in tutto il mondo.

25. Errori quasi in ogni riga

In alcune righe dell'intervista a Beppe Severgnini, l'ausiliare non è corretto: ~~cancella~~ le forme sbagliate e scrivi quelle corrette, come negli esempi delle righe 1 e 15.

Come ~~sei scoperto~~ le tue passioni?
I miei genitori sono stati meravigliosi, sono sempre rispettato i miei desideri e le mie scelte; mio padre non mi ha mai forzato a seguire la sua professione. Ho rischiato in prima persona per seguire le mie passioni ma in fondo sono un privilegiato perché ho nato e cresciuto in una famiglia benestante. A scuola ho sempre stato molto bravo e i miei professori, per fortuna, mi hanno aiutato a superare le difficoltà che avevo nelle relazioni con gli altri. Appena sono compiuto 18 anni ho iniziato a viaggiare per tutta Europa e dopo la laurea ho fatto un tirocinio in Belgio, dove sono conosciuto tantissimi ragazzi di nazionalità diverse. Proprio in quei viaggi ho capito che volevo fare il giornalista.

Quando ~~ha iniziata~~ la tua carriera giornalistica?
Sono stato assunto a "Il Giornale" e lì sono conosciuto Indro Montanelli, il mio vero maestro professionale. Mi è insegnato moltissimo, anche sul piano umano e ha creduto subito in me. Nel 1982 ho fatto un viaggio con degli amici in Polonia, riuscendo a documentare luoghi e avvenimenti inaccessibili, a quel tempo, a tanti giornalisti. Dopo la Polonia ho fatto il corrispondente da Londra, poi ho andato a lavorare nei Paesi dell'Est e in Cina. Dopo la Cina ho andato in Russia e poi negli Stati Uniti, dove ho rimasto vari anni prima di ritornare in Europa.

RIGA	FORMA CORRETTA
1	hai scoperto

RIGA	FORMA CORRETTA
15	è iniziata

esercizi

26. Il voto alle donne

Completa il testo con il passato prossimo dei verbi tra parentesi.

Il 2 giugno 1946, in Italia, (*essere*) __________________________ una data molto importante perché (*esserci*) __________________________ le elezioni politiche e, per la prima volta, anche le donne italiane (*votare*) __________________________.

In quella data, uomini e donne italiane (*scegliere*) __________________________ se volevano la monarchia o la repubblica e (*dare*) __________________________ il loro voto anche per eleggere una speciale commissione (l'Assemblea Costituente) che (*scrivere*) ______________________ nuove leggi.

(*Vincere*) __________________________ il voto a favore della Repubblica Italiana e quindi la Monarchia (*finire*) __________________________ ed (*nascere*) __________________________ ufficialmente la Repubblica Italiana.

Da quel giorno, ogni anno, il 2 giugno festeggiamo quello storico voto che (*cambiare*) __________________________ la nostra storia.

(da *due parole.it*)

27. I nonni di Massimo ricordano il 2 giugno 1946

Il nonno e la nonna di Massimo raccontano quella storica data, ognuno dal suo punto di vista. Scrivi i loro racconti coniugando al passato prossimo i verbi nei riquadri, come nell'esempio.

IL NONNO

~~svegliarsi presto~~ | vestirsi
bere un caffè
prendere l'autobus
passare in chiesa
andare a votare | incontrare un amico
votare per la Monarchia | tornare a casa
parlare con moglie e figli | litigare per il voto
arrabbiarsi molto | andare a dormire presto

LA NONNA

~~svegliarsi presto~~
preparare il pranzo
fare colazione | vestirsi
prendere l'autobus
passare a casa di un'amica | andare a votare
incontrare tre amiche | votare per la Repubblica
tornare a casa | parlare con marito e figli
litigare per il voto | festeggiare

Il nonno dice: Io mi sono svegliato presto e ____________________

____

____

____

____

____

____

____

____

____

La nonna dice: : Io mi sono svegliata presto e ____________________

____

____

____

____

____

____

____

____

____

28. Trova l'errore

Nel testo dell'intervista a Jeff Kinney alcuni verbi al passato prossimo sono sbagliati: ~~cancella~~ le forme sbagliate e scrivi quelle corrette nella tabella, come nell'esempio.

Jeff Kinney è il creatore del celebre "Diario di una schiappa". ~~Ha venuto~~ in Italia per alcuni giorni e l'abbiamo intervistato.

Come mai sei venuto in Italia?

L'Italia è stato il primo Paese al di fuori degli Usa in cui ho stato in tour nel 2011 ed è quindi un posto molto speciale per me. Ho deciso di ritornare adesso perché il mio editore italiano mi ha detto che c'era la possibilità di incontrare i ragazzi di alcune scuole colpite dal terremoto di Amatrice e mi è sembrato una grande idea.

Da piccolo hai avuto qualche avventura come quelle di Greg la Schiappa?

Sì, praticamente tutto quello che accade nei libri ha sempre un po' di verità. Magari non è esattamente la verità o non ha accaduto a me direttamente, ma non è mai completamente inventato.

C'è qualche libro che è stato particolarmente importante per te?

Il primo libro che mi ho veramente goduto da ragazzo è stato *Lo Hobbit* di Tolkien. Quello è stato il primo libro che ho scoperto tutto da solo e mi è divertito molto. È stato il primo che mi ha dato la sensazione di poter vivere un'avventura in un libro.

Quanto è importante per te il senso dell'ironia?

Quando ho iniziato a scrivere di Greg non pensavo di fare un libro per adulti. Quando mi hanno detto che lo pubblicavano per i ragazzi, la prima cosa che mi ho chiesto è se potevano capire tutta l'ironia e l'umorismo che ci sono dentro. Devo dire che i ragazzi hanno stato perfettamente in grado di capirli anche se, prima di 8-9 anni in genere i lettori fanno fatica a capire l'ironia del "Diario di una schiappa".

RIGA	FORMA CORRETTA
1	È venuto

RIGA	FORMA CORRETTA

29. Autobiografia di Alessandro D'Avenia

Completa il testo con il passato prossimo dei verbi tra parentesi.

(Io – *nascere*) __________________ a Palermo in una notte di maggio e le prime cose che (io – *vedere*) __________________ e (io – *sentire*) __________________ sono i colori e i profumi della mia città e della mia terra, la Sicilia.
(Io – *crescere*) __________________ in una famiglia folle. Sì perché folli sono i miei genitori che (loro – *decidere*) __________________ di mettere al mondo sei figli. Mio padre è un dentista (per questo non ne (io – *avere*) __________________ mai __________________ paura), e mia madre una che si occupa di scuola ed educazione. Il 90% delle cose che c'è da sapere sulla vita le (io – *imparare*) __________________ vivendo con questa tribù.
Alle elementari non (io – *fare*) __________________ altro che parlare e fare scherzi. Alle medie (io – *calmarsi*) __________________ e (io – *cominciare*) __________________ ad amare la lettura. (Io – *frequentare*) __________________ il liceo classico e (io – *avere*) __________________ la fortuna di trovare alcuni insegnanti straordinari.
(Io – *laurearsi*) __________________ in letteratura greca e (io – *vincere*) __________________ un dottorato di ricerca all'università di Siena. Nel frattempo (io – *cominciare*) __________________ a insegnare, era il mio sogno fin da piccolo.
(Io – *frequentare*) __________________ la scuola di specializzazione per l'insegnamento secondario, lì (io – *imparare*) __________________ un sacco di teorie inutili da gente che non (lei – *entrare*) __________ mai __________________ in classe e (io – *capire*) __________________ come non deve essere un insegnante. Dopo 11 anni a Roma (io – *trasferirsi*) __________________ a Milano, (io – *lasciare*) __________________ l'insegnamento e (io – *frequentare*) __________________ un master di scrittura.
(Io – *cominciare*) __________________ a fare lo sceneggiatore ma dopo un paio di anni (io – *riprendere*) __________________ a insegnare italiano, latino e greco al liceo e (io – *iniziare*) __________________ a scrivere il mio primo romanzo che (*essere*) __________________ pubblicato nel 2010 e (*superare*) __________________ il milione di copie vendute.
Fino ad ora (io – *scrivere*) __________________ 4 romanzi. Non ho la pretesa di insegnare niente a nessuno ma solo di testimoniare il fatto che la vita ha sempre il miglior copyright.

(da *profduepuntozero.it*)

30. La scuola Penny Wirton

Trasforma al passato prossimo i verbi evidenziati, come nell'esempio.

«È tutto gratuito. E non valutiamo nessuno». Con queste parole lo scrittore Eraldo Affinati descrive la scuola gratuita per stranieri *Penny Wirton*, fondata anni fa a Roma insieme alla moglie Anna Luce Lenzi.

Quando nasce ___è nato___ il progetto?
Il progetto nasce ____________________ nel 2008 da una costola de *La Città dei Ragazzi*, una comunità educativa nata nel dopoguerra e in cui insegno ____________________ per dieci anni. Questa importante esperienza spinge ____________________ me e mia moglie a pensare a una scuola basata sul "tu per tu" tra insegnanti e studenti.

A cosa si deve il nome della scuola?
"Penny Wirton e sua madre" è un bellissimo libro per ragazzi. Io e mia moglie ci laureiamo ____________________ con una tesi dedicata all'autore – Silvio D'Arzo – ed è ____________________ spontaneo dedicare la scuola al bambino protagonista del suo romanzo.

Quali sono ____________________ le difficoltà che incontri ____________________ all'inizio?
Innanzi tutto, la ricerca di una sede. Non potendo pagare un affitto, cerchiamo ____________________ ospitalità in diverse strutture. Ora siamo nel liceo scientifico Keplero di Roma dove la preside ci offre ____________________ la possibilità di insegnare in sette aule dell'edificio.

Chi sono i volontari che danno il loro tempo ai migranti?
Appartengono alle categorie più diverse: pensionati, studenti universitari, alunni di liceo, persone di ogni tipo. Coinvolgo ____________________ anche giovani di seconda generazione nati in Italia da genitori stranieri.

(da *hounlibrointesta.it*)

Silvio D'Arzo

Penny Wirton e sua madre

a cura di Andrea Casoli

Specchio oscuro

43

GRECO & GRECO

31. Biografia di una campionessa

Trasforma il testo al passato prossimo, come nell'esempio.

Federica Pellegrini nasce a Mirano (Venezia) nel 1988 e inizia a nuotare nel 1995. Dopo i primi successi si trasferisce a Milano assieme alla famiglia. A sedici anni emerge a livello nazionale e nel 2004 fa parte della squadra olimpica per Atene, dove vince una medaglia d'argento nei 200 stile libero. Con quella vittoria, Federica diventa la più giovane atleta italiana a vincere una gara olimpica individuale e da quell'anno in poi trionfa in innumerevoli campionati europei, mondiali e olimpionici. Scrive un libro e dà la sua immagine per varie campagne di beneficenza.

Federica Pellegrini è nata a Mirano (Venezia) nel 1988

32. Biografia di un campione

Trasforma il testo al passato prossimo, come nell'esempio.

Dino Meneghin nasce in provincia di Belluno nel 1950 ed è il più grande cestista italiano di tutti i tempi. Inizia la sua carriera a 16 anni e la termina a 44. È il primo italiano ad avere la possibilità di giocare nella NBA anche se alla fine sceglie di non andare negli USA. Vince 12 scudetti e 7 Coppe dei Campioni e dal 2009 al 20013 è presidente della Federazione Italiana Pallacanestro.

Dino Meneghin è nato in provincia di Belluno nel 1950

33. Siamo tutti astronauti sul nostro pianeta

Completa il testo con il passato prossimo dei verbi tra parentesi.

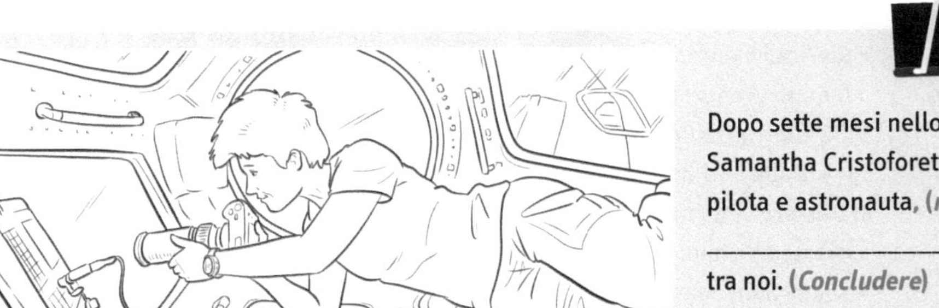

Dopo sette mesi nello spazio, Samantha Cristoforetti, capitano, pilota e astronauta, (*rientrare*) ____________________ tra noi. (*Concludere*) ____________________ felicemente la missione Futura e sta re-imparando a vivere sulla Terra. In tutto questo tempo ci (*osservare*) ____________________ dall'alto e ci dice cosa (*vedere*) ____________________.

Come le (*sembrare*) ____________________ il nostro pianeta visto da lassù?
La Terra vista dallo spazio è bellissima! Sulla terra non siamo semplici passeggeri, siamo membri dell'equipaggio così come gli astronauti lo sono nello spazio.

Tra gli esperimenti della missione ce ne (*essere*) ____________________ alcuni relativi a temi ambientali ed energetica?
Sì, quelli condotti sulle piante. (*Essere*) ____________________ molto utili per capire i meccanismi di funzionamento e la possibilità di adattare le piante e le tecniche.

Dal punto di vista pratico, cosa le (*pesare*) ____________________ di più della vita nello spazio?
È un'esperienza che (*affrontare*) ____________________ con la leggerezza del fluttuare, per dare un'immagine appropriata. La vita a bordo non l'(*vivere*) ____________________ con pesantezza o difficoltà. Ero ben preparata.

(*Sperimentare*) ____________________ il "caffè espresso" in assenza di gravità?
Sì, (*essere*) ____________________ un esperimento di tecnologia più che un vero e proprio esperimento scientifico. Noi astronauti (*cercare*) ____________________ di capire come è possibile far funzionare la macchina dell'espresso anche nello spazio. L'esperimento (*riuscire*) ____________________ bene, il caffè era ottimo.

Ha provato noia o paura?
No, non (*avere*) ____________________ paura perché (*viaggiare*) ____________________ nello spazio grazie a una tecnologia con cui noi astronauti abbiamo familiarità, sappiamo cosa fare se c'è un imprevisto. E vorrei tornare lassù al più presto.

(da *famigliacristiana.it*)

34. La pettinatura più bella del mondo è italiana

Trasforma al passato prossimo i verbi evidenziati, come nell'esempio.

Un'italiana di un paesino in provincia di Udine, vince ___ha vinto___ il primo premio per l'acconciatura da sera più bella del mondo.
La pettinatura premiata la realizza ______________________ una parrucchiera 23enne, Arianna Petrocchi, che lavora nel negozio della madre Rina.
Arianna partecipa ______________________ al campionato mondiale di coiffeur, la biennale dedicata ai parrucchieri di tutto il mondo che quest'anno si svolge ___________________ a Paestum e a cui partecipano ______________________ oltre 28 paesi, dalla Francia alla Turchia, dalla Russia alla Corea del Sud.

Quella di Arianna è la storia di chi trova ___________________ a pochi metri da casa la chiave della felicità. "Sono orgogliosa della mia vittoria, la devo a chi crede ______________________ in me, alla mia famiglia e agli insegnanti dell'accademia dove mi formo ______________________". E pensare che Arianna, tutto voleva nella vita ma non fare la parrucchiera.
"Io in realtà mi diplomo ______________________ in ragioneria, indirizzo linguistico, e volevo diventare assistente di volo".
Poi un giorno una dipendente della madre va ______________________ in maternità, il salone aveva bisogno di una sostituta, e Arianna non rifiuta ______________________ la proposta della madre.
"È ______________________ un amore a prima vista. Dopo un periodo nel nostro negozio, frequento ______________________ per tre anni un'accademia ad Avellino e ora continuo a lavorare a Collalto".

Lei dice che supera ______________________ i sessanta concorrenti presenti grazie alla semplicità della sua creazione: "la giuria premia ______________________ il fatto che non utilizzo ______________________ decorazioni e preferisco ______________________ i capelli naturali, l'equilibrio e la pulizia".
Tutte caratteristiche che, senza dubbio, si possono applicare anche a lei.

(da *d.repubblica.it*)

PRINCIPALI VERBI CON PARTICIPIO PASSATO IRREGOLARE

INFINITO	PARTICIPIO	INFINITO	PARTICIPIO
accendere	acceso	percorrere	percorso
accogliere	accolto	perdere	perso / perduto
accorrere	accorso	permettere	permesso
ammettere	ammesso	piacere	piaciuto
aprire	aperto	prendere	preso
bere	bevuto	produrre	prodotto
chiedere	chiesto	ridere	riso
chiudere	chiuso	rimanere	rimasto
cogliere	colto	rispondere	risposto
concedere	concesso	rompere	rotto
conoscere	conosciuto	scegliere	scelto
correre	corso	scendere	sceso
cuocere	cotto	scrivere	scritto
dire	detto	smettere	smesso
dovere	dovuto	soffrire	sofferto
esistere	esistito	spegnere	spento
esporre	esposto	spendere	speso
essere	stato	spingere	spinto
fare	fatto	succedere	successo
iscrivere	iscritto	togliere	tolto
leggere	letto	uccidere	ucciso
mettere	messo	vedere	visto / veduto
morire	morto	venire	venuto
nascere	nato	vincere	vinto
offrire	offerto	vivere	vissuto

PRINCIPALI VERBI CON PARTICIPIO PASSATO IRREGOLARE USATI SOLO CON L'AUSILIARE ***ESSERE***.

INFINITO	PARTICIPIO	INFINITO	PARTICIPIO
apparire	apparso	parere	parso
dipendere	dipeso	piacere	piaciuto
emergere	emerso	rimanere	rimasto
esistere	esistito	rinascere	rinato
essere	stato	scomparire	scomparso
giungere	giunto	sorgere	sorto
morire	morto	succedere	successo
nascere	nato	venire	venuto

PRINCIPALI VERBI CON PARTICIPIO PASSATO IRREGOLARE USATI SOLO CON L'AUSILIARE *AVERE*.

INFINITO	PARTICIPIO	INFINITO	PARTICIPIO
accendere	acceso	leggere	letto
aprire	aperto	mettere	messo
bere	bevuto	perdere	perso / perduto
chiedere	chiesto	piangere	pianto
chiudere	chiuso	prendere	preso
comprendere	compreso	ridere	riso
conoscere	conosciuto	rispondere	risposto
costringere	costretto	scegliere	scelto
cuocere	cotto	scrivere	scritto
decidere	deciso	smettere	smesso
dipingere	dipinto	spegnere	spento
dire	detto	togliere	tolto
fare	fatto	vedere	visto / veduto
iscrivere	iscritto	vincere	vinto

PRINCIPALI VERBI CHE HANNO COME AUSILIARE *ESSERE* E *AVERE*

INFINITO	PARTICIPIO	INFINITO	PARTICIPIO
aumentare	aumentato	invecchiare	invecchiato
avanzare	avanzato	iniziare	iniziato
bruciare	bruciato	mancare	mancato
cambiare	cambiato	migliorare	migliorato
campare	campato	passare	passato
cessare	cessato	peggiorare	peggiorato
continuare	continuato	penetrare	penetrato
cominciare	cominciato	salire	salito
correre	corso	saltare	saltato
crescere	cresciuto	scattare	scattato
diminuire	diminuito	scendere	sceso
fallire	fallito	servire	servito
finire	finito	suonare	suonato
girare	girato	terminare	terminato
guarire	guarito	trascorrere	trascorso

CAPITOLO 1

1. 1/T; 2/I; 3/I; 4/T; 5/I; 6/T; 7/I; 8/T; 9/I; 10/I

2. 1. hanno; 2. siamo; 3. è; 4. abbiamo; 5. è; 6. ha; 7. siamo; 8. ho; 9. è; 10. è

3.

VERBI INTRANSITIVI
Con che cosa? *Io arrivo **con il treno***.
Con chi? Paolo esce **con mia sorella**.
Per dove? Carla parte **per l'America**.
Quando? Noi torniamo a casa **tardi**.

VERBI TRANSITIVI
Che cosa? Lui compra **una bella casa**.
Che cosa? Tu non capisci **la lezione**.
Che cosa? Lei mangia **tutta la pizza**.
Che cosa? Voi fate **una bella festa**.

4. 1. sono; 2. ha; 3. hai; 4. avete ; 5. è; 6. ha; 7. è; 8. siamo

5. 1. ha; 2. sono; 3. hanno; 4. hanno; 5. è; 6. è; 7. ha; 8. hanno; 9. hanno; 10. sono

6.

INFINITO	TRANSITIVO	INTRANSITIVO
1. Vincere	✓	
2. Andare		✓
3. Cantare	✓	
4. Prendere	✓	
5. Tornare		✓
6. Andare		✓
7. Usare	✓	
8. Chiedere	✓	
9. Celebrare	✓	
10. Essere		✓

CAPITOLO 2

1.

PARLARE	ABITARE	SAPERE
io ho parlato	io ho abitato	io ho saputo
tu hai parlato	tu hai abitato	tu hai saputo
lui / lei / Lei ha parlato	lui / lei / Lei ha abitato	lui / lei / Lei ha saputo
noi abbiamo parlato	noi abbiamo abitato	noi abbiamo saputo
voi avete parlato	voi avete abitato	voi avete saputo
loro hanno parlato	loro hanno abitato	loro hanno saputo

CREDERE

io ho creduto
tu hai creduto
lui / lei / Lei ha creduto
noi abbiamo creduto
voi avete creduto
loro hanno creduto

SENTIRE

io ho sentito
tu hai sentito
lui / lei / Lei ha sentito
noi abbiamo sentito
voi avete sentito
loro hanno sentito

CAPIRE

io ho capito
tu hai capito
lui / lei / Lei ha capito
noi abbiamo capito
voi avete capito
loro hanno capito

2.

FARE

io ho fatto
tu hai fatto
lui / lei / Lei ha fatto
noi abbiamo fatto
voi avete fatto
loro hanno fatto

CHIEDERE

io ho chiesto
tu hai chiesto
lui / lei / Lei ha chiesto
noi abbiamo chiesto
voi avete chiesto
loro hanno chiesto

METTERE

io ho messo
tu hai messo
lui / lei / Lei ha messo
noi abbiamo messo
voi avete messo
loro hanno messo

DIRE

io ho detto
tu hai detto
lui / lei / Lei ha detto
noi abbiamo detto
voi avete detto
loro hanno detto

APRIRE

io ho aperto
tu hai aperto
lui / lei / Lei ha aperto
noi abbiamo aperto
voi avete aperto
loro hanno aperto

CHIUDERE

io ho chiuso
tu hai chiuso
lui / lei / Lei ha chiuso
noi abbiamo chiuso
voi avete chiuso
loro hanno chiuso

ACCENDERE

io ho acceso
tu hai acceso
lui / lei / Lei ha acceso
noi abbiamo acceso
voi avete acceso
loro hanno acceso

PRENDERE

io ho preso
tu hai preso
lui / lei / Lei ha preso
noi abbiamo preso
voi avete preso
loro hanno preso

3.

Q	F	P	E	R	S	O	X	C	C	G	W	R	A	M	I	N	L
D	E	T	T	O	Y	C	I	J	H	W	S	N	P	D	T	P	E
F	Z	O	F	S	R	C	H	D	X	I	J	C	E	J	S	F	T
M	E	S	S	O	I	U	O	I	J	W	U	Z	R	L	N	M	T
S	R	C	T	A	S	H	K	H	E	Q	C	S	T	I	K	S	O
P	K	X	Z	C	P	R	A	V	G	S	P	G	O	O	T	T	W
E	F	K	W	C	O	D	V	G	K	A	T	O	A	K	V	T	S
N	A	Y	A	E	S	N	I	U	I	U	S	O	L	L	U	D	O
T	T	L	M	S	T	D	S	B	Q	D	U	G	D	K	T	A	D
O	T	T	K	O	O	Z	T	K	P	R	E	S	O	Q	S	P	Q
T	O	G	W	Z	D	C	O	F	Y	R	U	L	X	D	B	O	K
C	O	N	O	S	C	I	U	T	O	W	Q	L	I	V	W	X	F

1. mettere	**messo**	2. chiedere	**chiesto**	3. dire	**detto**
4. leggere	**letto**	5. chiudere	**chiuso**	6. prendere	**preso**
7. accendere	**acceso**	8. aprire	**aperto**	9. vedere	**visto**
10. conoscere	**conosciuto**	11. scrivere	**scritto**	12. spegnere	**spento**
13. perdere	**perso**	14. fare	**fatto**	15. rispondere	**risposto**

4. *Risposta aperta*

5. 1d; 2c; 3h; 4l; 5i; 6a; 7e; 8b; 9g; 10f

6. 1. **Voi** Avete comprato i biglietti per andare al cinema?; 2. **Noi** Abbiamo cenato in un ristorante buonissimo ma caro; 3. **Lui / Lei** Quest'anno non ha letto molti libri; 4. **Loro** Hanno fatto una festa con gente divertente; 5. **Tu** Hai telefonato ai tuoi amici? 6. **Io** Negli ultimi giorni ho riposato benissimo

7. *Soluzione possibile*: A1/B6/C12; A2/B4/C5; A3/B11/C2; A4/B1/C1; A5/B12/C7; A6/B2/C8; A7/B5/C6; A8/B9/C10; A9/B10/C3; A10/B8/C9; A11/B3/C4; A12/B7/C11

8.

a.

P	R	E	N	D	E	R	E		
I	N	V	I	T	A	R	E		
Z	I	G	Z	A	G	A	R	E	
Z	U	C	C	H	E	R	A	R	E
A	M	A	R	E					

b.

V	I	N	C	E	R	E		
I	N	D	O	S	S	A	R	E
O	D	I	A	R	E			
L	A	N	C	I	A	R	E	
A	V	E	R	E				

9. PARTICIPIO 1. mangiato; 2. scelto; 3. spento; 4. vinto; 5. pianto; 6. dormito; 7. riso; 8. sentito; 9. camminato; 10. tolto

10. 1. Noi abbiamo comprato i biglietti; 2. Lui ha visitato la città; 3. Carlo ha chiuso la porta; 4. Loro hanno organizzato una festa; 5. Io ho scritto una e-mail; 6. Voi avete fatto una torta; 7. Io e Fabio abbiamo venduto l'auto; 8. Lei ha sentito una canzone

11. 1. ho dormito; 2. Ho fatto colazione; 3. Ho preso; 4. Ho fatto una pausa... ho pranzato in un ristorante; 5. Ho finito... ho fatto; 6. Ho cenato... ho parlato; 7. Ho bevuto; 8. Ho dormito... ho fatto

12. 1. Oggi abbiamo dormito fino alle 7:00; 2. Abbiamo fatto colazione alle 8:00; 3. Abbiamo preso la metropolitana alle 9:00 per andare in ufficio; 4. Abbiamo fatto una pausa alle 14:00 e abbiamo pranzato in un ristorante; 5. Abbiamo finito di lavorare alle 19:00 e poi abbiamo fatto la spesa; 6. Abbiamo cenato con degli amici e abbiamo parlato di tante cose; 7. Abbiamo bevuto un gin tonic; 8. Abbiamo dormito e abbiamo fatto molti sogni

13. 1. Ho letto.../ Non ho letto...; 2. Non ho fatto.../ Ho fatto...; 3. Ho visitato.../ Non ho visitato...; 4. Ho comprato.../ Non ho comprato...; 5. Ho preso.../ Non ho preso...; 6. Ho bevuto.../ Non ho bevuto...; 7. Ho fatto.../ Non ho fatto; 8. Ho visto.../ Non ho visto...; 9. Ho vinto.../ Non ho vinto...; 10. Ho avuto.../ Non ho avuto...; 11. Ho parlato.../ Non ho parlato...; 12. Ho ballato.../ Non ho ballato...; 13. Ho scritto.../ Non ho scritto...; 14. Ho cantato.../ Non ho cantato...; 15. Ho studiato.../ Non ho studiato...; 16. Ho invitato.../ Non ho invitato...; 17. Ho mangiato.../ Non ho mangiato...; 18. Ho bevuto.../ Non ho bevuto...

14. *Risposta aperta*
15. ho avuto, ho domandato, ho studiato, ha aiutato, ho compreso, ho chiesto, hanno spiegato, ho cominciato, ho incontrato, ho conosciuto, ho parlato, ha chiesto, ho risposto, ha smesso, ha detto, ha ripreso
16. io e Paola siamo, abbiamo avuto, abbiamo domandato, abbiamo studiato, ci ha aiutato, abbiamo compreso, capivamo, abbiamo chiesto, ci hanno spiegato, ci piace, abbiamo cominciato, anche noi, cerchiamo, abbiamo incontrato, abbiamo conosciuto, abbiamo parlato, dicevamo, ci ha chiesto, state studiando, abbiamo risposto, frequentavamo, siete brave, state
17. 1. visto; 2. avuto; 3. fatto, detto; 4. studiato, superato; 5. passato; 6. iscritto; 7. spento; 8. chiesto; 9. dormito; 10. conosciuto; 11. aperto; 12. messo
18. 1. Hai giocato; 2. hai cucinato; 3. hai conosciuto; 4. avete spento; 5. hanno studiato; 6. hai passeggiato / avete passeggiato; 7. hai pagato; 8. hanno dormito; 9. hai letto; 10. hai celebrato

CAPITOLO 3

1a MASCHILE SINGOLARE: 1. 4. 11. 13. – MASCHLE PLURALE: 2. 7. 9. 15. 18.
FEMMINILE SINGOLARE: 3. 6. 10. 14. – FEMMINILE PLURALE: 5. 8. 12. 16. 17.
1b. 1. Io; 2. Loro; 3. Tu; 4. Tu; 5. Noi; 6. Lei; 7. Voi; 8. Noi; 9. Loro; 10. Io; 11. Io; 12. Noi; 13. Io; 14. Io; 15. Loro; 16. Voi; 17. Noi; 18. Voi
2a. MASCHILE SINGOLARE: 1. 7. 12. 13. 18. – MASCHLE PLURALE: 2. 3. 11. 15.
FEMMINILE SINGOLARE: 5. 9. 10. 14. 17. – FEMMINILE PLURALE: 4. 6. 8. 16.
2b. 1. Lui; 2. Noi; 3. Voi; 4. Voi; 5. Io; 6. Voi; 7. Lui; 8. Voi; 9. Lei; 10. Tu; 11. Noi; 12. Tu; 13. Io; 14. Io; 15. Loro; 16. Loro; 17. Tu; 18. Tu
3. 1. andato; 2. addormentate; 3. trasferita; 4. stati; 5. nati; 6. conosciute; 7. rimaste; 8. tornati; 9. sentito; 10. restata; 11. uscito; 12. morte
4. 1. La torta al caffè è stata fatta da Paola; 2. La casa è stata pulita dai miei genitori; 3. Le camicie sono state stirate tutte da mio marito; 4. Sono stata mandata in missione a Tokio dal mio boss; 5. Le birre per la cena sono state comprate da Fabio; 6. I miei vestiti più belli sono stati presi da Lucia; 7. La Gioconda è stata dipinta da Leonardo; 8. La festa del mio compleanno è stata organizzata dai miei amici
5. 1. **ENTRARE**

Io sono entrato	Io sono entrata
Tu sei entrato	Tu sei entrata
Lui è entrato	Lei è entrata
Noi siamo entrati	Noi siamo entrate
Voi siete entrati	Voi siete entrate
Loro sono entrati	Loro sono entrate

Io e Franca siamo entrati.

2. CADERE

Io sono caduto	Io sono caduta
Tu sei caduto	Tu sei caduta
Lui è caduto	Lei è caduta
Noi siamo caduti	Noi siamo cadute
Voi siete caduti	Voi siete cadute
Loro sono caduti	Loro sono cadute

Tu e Chiara siete caduti.

3. USCIRE

Io sono uscito	Io sono uscita
Tu sei uscito	Tu sei uscita
Lui è uscito	Lei è uscita
Noi siamo usciti	Noi siamo uscite
Voi siete usciti	Voi siete uscite
Loro sono usciti	Loro sono uscite

Lei e Paola sono uscite.

6.

1. IMMERGERSI

Noi ci siamo immerse — Voi vi siete immerse — Io mi sono immerso

2. RIMANERE

Io sono rimasta — Loro sono rimasti — Tu sei rimasto

3. NASCERE

Loro sono nati — Tu sei nata — Lei è nata

4. ESSERE

Noi siamo stati — Voi siete state — Tu sei stato

5. APPARIRE

Lui è apparso | Noi siamo apparsi | Lei è apparsa

6. VENIRE

Voi siete venuti | Loro sono venute | Lei è venuta

7. METTERSI

Voi vi siete messe | Voi vi siete messi | Io mi sono messo

8. SCOMPARIRE

Noi siamo scomparsi | Voi siete scomparse | Lui è scomparso

9. ACCORGERSI

Tu ti sei accorto | Loro si sono accorti | Tu ti sei accorta

10. OFFENDERSI

Io mi sono offesa | Loro si sono offese | Tu ti sei offeso

7. *Soluzione possibile*: 1/f/A; 2/d/B; 3/g/C; 4/a/G; 5/o/D; 6/n/F; 7/l/L; 8/c/O; 9/e/H; 10/h/M; 11/b/I; 12/i/N; 13/m/E
8. 1. **Noi** Qualche giorno fa ci siamo svegliati all'improvviso; 2. **Io** Ieri sono rimasta a letto tutto il giorno; 3. **Lui** Ieri è andato al ristorante con sua sorella; 4. **Lei** Per imparare bene il cinese è stata tre anni in Cina; 5. **Io** Sabato sono restato a casa tutto il giorno; 6. **Loro** Sono partite due settimane fa
9. 1. Io sono caduto; 2. Io sono diventato; 3. Lei è cresciuta; 4. Noi ci siamo fatte; 5. Tu sei stato; 6. Voi vi siete svegliati; 7. Tu ti sei rilassata; 8. Io sono partito; 9. Lei è venuta; 10. Loro sono arrivati; 11. Lei non si è accorta; 12. Loro sono dimagrite; 13. Lei è sparita; 14. Loro si sono svegliati; 15. Voi siete diventate; 16. Voi siete entrati
10. 1. ci siamo incontrati; 2. è andato; 3. è rimasta; 4. si è ammalata; 5. si sono stancate; 6. sono stato; 7. è diventato; 8. sono usciti; 9. sei arrivata; 10. è andata
11. 1. Il bambino è nato oggi; 2. La casa è costata moltissimo; 3. Il cane è scappato di casa; 4. I fiori sono nati in primavera; 5. La torta non mi è piaciuta per niente; 6. Il gatto è uscito dalla finestra; 7. I libri sono spariti di casa; 8. I cani sono tornati dal padrone; 9. Le gatte si sono riposate sul divano; 10 La stella è scomparsa dietro la nuvola; 11. La luna si è riflessa sull'acqua; 12. Le scarpe si sono rotte
12. 1. I bambini sono nati oggi; 2. Le case sono costate moltissimo; 3. I cani sono scappati di casa; 4. Il fiore è nato in primavera; 5. Le torte non mi sono piaciute per niente; 6. I gatti sono usciti dalla finestra; 7. Il libro è sparito dalla biblioteca; 8. Il cane è tornato dal padrone; 9. La gatta si è riposata sul divano; 10. Le stelle sono scomparse dietro le nuvole; 11. Le lune si sono riflesse sull'acqua; 12. La scarpa si è rotta
13. è venuto, è rimasto, siamo andati, siamo stati, è venuta, siamo tornati, è ripartito, siamo andati

14. a. è andata, è rimasta, è arrivata, è andata via, è tornata, sono andati, si è cambiata, è uscita. **b.** è venuta, ci siamo divertite, è durata. **c.** sono tornati, si sono fatti, sono venuti, sono stati/sono andati. **d.** è stata, siamo andati, ci siamo fatti, siamo rimasti, siamo andati, ci siamo divertiti

15. È nato, è nata, si è trasferito, è tornato, è diventato, si è diplomato, è tornato, è restato, si è imbattuto, si è sposato, è andata, si è trasferito, si sono trasferiti, è nata, è andato, è scomparso, è diventato, sono diventati

16. Sono nate, è nata, si sono trasferite, sono tornate, sono diventate, si sono diplomate, sono tornate, ci sono restate, si sono imbattute, si sono sposate, è andato/-a, si sono trasferite, si sono trasferite, è nata, sono andate, sono scomparse, sono diventate, sono diventati

17. *Risposta aperta*

18. 1. vi siete svegliate; 2. si sono addormentate, si sono alzate; 3. ci siamo visti, ci siamo divertiti, ci siamo pentiti; 4. mi sono seduta, si è rotta; 5. si sono pettinati; 6. mi sono sdraiato, mi sono addormentato, si è lamentata; 7. vi siete vergognate, vi siete bloccate; 8. mi sono fatta, mi sono bevuta, ci siamo mangiate; 9. ci siamo baciati, ci siamo abbracciati; 10. si sono rincontrati, si sono fatti

19.

a.

R	I	N	A	S	C	E	R	E
O	S	P	I	T	A	R	E	
M	O	S	T	R	A	R	E	
A	B	I	T	A	R	E		

b.

S	O	F	F	R	I	R	E				
T	R	A	S	F	O	R	M	A	R	S	I
A	L	Z	A	R	E						
D	I	M	E	N	T	I	C	A	R	E	
I	N	V	I	D	I	A	R	E			
O	C	C	U	L	T	A	R	E			

c.

G	I	R	A	R	E			
E	S	I	S	T	E	R	E	
L	I	T	I	G	A	R	E	
A	M	A	R	E				
T	E	R	M	I	N	A	R	E
O	D	I	A	R	E			

20. 1. sono stato; 2. *frase corretta*; 3. *frase corretta*; 4. sono tornato; 5. ha successo; 6. mi sono piaciuto; 7. si ha vestito; 8. *frase corretta*; 9. siete rimaste; 10. *frase corretta*; 11. avete venuto

21. 1. sono stati; 4. sono tornate; 5. è successo; 6. mi sono piaciuti; 7. si è vestita; 9. siete rimaste; 11. siete venuti

CAPITOLO 4

1.

AVERE	INFINITO	ESSERE
ho iniziato a camminare	iniziare	è iniziato il film
ho aumentato il volume della TV	aumentare	è aumentata la fame
ho cominciato a essere inquieto ho cominciato a correre	cominciare	è cominciato il film
ho saltato la cena	saltare	sono saltati tutti i miei schemi
ho corso per più di un'ora	correre	sono corso verso la porta
ho passato il resto della serata	passare	sono passate le ore
ho suonato il pianoforte	suonare	è suonata la sveglia

2.

						1 M						2 P				
3 B		4 C	A	M	B	I	A	R	E			E		5 D		
R						G						G		I		
U				6 F	A	L	L	I	R	E		G		M		
C		7 S				I					8 F	I	N	I	R	E
I		C				O						O		N		
9 A	V	A	N	Z	A	R	E					R		U		
R		T				A				10 C		A		I		
E		T			11 T	R	A	S	C	O	R	R	E	R	E	
		A				E				N		E		E		
		R			12 S					T			13 S			
14 S	C	E	N	D	E	R	E			I			A			
					R					N			L			
					V					U			I			
					I			15 G	U	A	R	I	R	E		
					R					R			E			
			16 C	R	E	S	C	E	R	E						

3. 1/ T; 2/ I; 3/ I; 4/ T; 5/ T; 6/ I; 7/ T; 8/ I; 9/ I; 10/ T; 11/ T; 12/ I

4. 1. Giulia ha finito i compiti in poco tempo; 2. La partita è finita e non so che cosa fare; 3. La festa è terminata presto; 4. I giocatori hanno terminato la partita in condizioni disastrose; 5. Tuo fratello ha corso la maratona di Londra; 6. Mia moglie è corsa a casa per aiutarmi con i bambini; 7. Ho saltato il pranzo molto spesso negli ultimi tempi; 8. I ragazzi sono saltati dalla finestra della scuola; 9. Il film è cominciato dopo il telegiornale; 10. Ho cominciato le vacanze e sono felice; 11. Questo dottore ha guarito anche i casi più complicati; 12. Paola è guarita perché si cura bene

5. 1. ha servito; 2. ha cambiato; 3. sono iniziate; 4. Abbiamo sceso; 5. ha finito; 6. ha passato; 7. sono cambiati; 8. hai migliorato; 9. è cominciata; 10. hanno calato

6. 1. *frase corretta*; 2. siamo saliti; 3. ha cresciuto; 4. sono cresciute; 5. *frase corretta*; 6. ho aumentato; 7. ho cambiato; 8. *frase corretta*; 9. ha corso; 10. *frase corretta*; 11. *frase corretta*; 12. sono continuati

7. 1. ha suonato; 2. è suonata; 3. ha continuato; 4. è continuata; 5. sono serviti; 6. ha servito; 7. hanno trascorso; 8. sono trascorse; 9. siamo saltati; 10. hai saltato; 11. ha cominciato; 12. è cominciato

8. 1. è bruciata; 2. ha cambiato; 3. ha sceso; 4. sono aumentate; 5. ha bruciato; 6. è passato; 7. sono scesi; 8. hanno passato; 9. ha aumentato / ha cambiato; 10. è scesa

9. *Risposta aperta*

10. 1. è migliorata; 2. abbiamo scattato; 3. hanno cresciuto; 4. Ho finito; 5. avete saltato; 6. è aumentato; 7. è finita; 8. sono saltati; 9. è migliorata; 10. sono scattata; 11. ha aumentato; 12. sono cresciuti

11. 1. è continuato; 2. è finito; 3. ha continuato; 4. hai terminato; 5. sono cambiati; 6. abbiamo salito; 7. Ha passato; 8. è aumentata; 9. sono corso / sono corsa; 10. abbiamo corso; 11. sono passate; 12. ho cambiato

CAPITOLO 5

1. 1. mi sono dovuto/-a svegliare..., ho dovuto svegliarmi presto; 2. Vi siete dovuti/-e fare..., Avete dovuto farvi...; 3. Ti sei potuto/-a permettere..., Hai potuto permetterti...; 4. Mi sono voluto/-a sbrigare..., Ho voluto sbrigarmi...; 5. Ci siamo dovuti/e impegnare..., Abbiamo dovuto impegnarci...; 6. Oggi ci siamo potuti/-e riposare..., Oggi abbiamo potuto riposarci...; 7. Si sono voluti/-e comprare..., Hanno voluto comprarsi...; 8. Mi sono dovuto/-a fermare..., Ho dovuto fermarmi...; 9. I ragazzi si sono potuti addormentare..., I ragazzi hanno potuto addormentarsi...; 10. Mi sono voluto/-a perdere..., Ho voluto perdermi...

2. 1. avete potuto; 2. ha voluto; 3. sono dovute; 4. abbiamo potuto; 5. sei potuta, sei dovuta; 6. ha voluto; 7. hai voluto; 8. hanno dovuto, è potuta; 9. ha dovuto; 10. è voluta

3. 1. sono dovute; 2. hanno voluto; 3. è potuta, sono dovute; 4. è potuto; 5. ha voluto; 6. ho dovuto

4. *Soluzione possibile:* 1. ho dovuto offrire; 2. abbiamo voluto essere; 3. ho potuto cucinare; 4. abbiamo dovuto studiare; 5. sono dovuti partire; 6. avete voluto frequentare; 7. ti sei potuta comprare; 8. hai voluto cenare; 9. siete potute andare; 10. vi siete volute fermare

5. 1. L'ho dovuta pulire, Ho dovuto pulirla; 2. L'ha potuta mangiare, Ha potuto mangiarla; 3. L'hai voluta aiutare, Hai voluto aiutarla; 4. Le ha dovute dire, Ha dovuto dirle; 5. Non l'ho potuto invitare, Non ho potuto invitarlo; 6. Li avete voluti spendere, Avete voluto spenderli; 7. L'ho dovuto prendere, Ho dovuto prenderlo; 8. L'ha potuta prendere, Ha potuto prenderla

CAPITOLO 6

1. 1. abbiamo lavorato troppo; 2. ha sempre pensato; 3. abbiamo ballato molto; 4. hai mai pensato; 5. sempre studiato intensamente; 6. sono mai rientrato; 7. ha mangiato pochissimo; 8. Hai già mangiato; 9. ho ancora visto il film; 10. hai ancora fatto; 11. speso più; 12. Sono stato abbastanza

2. *Soluzione possibile:* 1. La settimana scorsa mi sono vista sempre con Giulio; 2. Non ho mai mangiato così bene come in quel ristorante; 3. Non hai ancora finito di leggere il libro che ti ho prestato? 4. Tutte le decisioni più importanti sono già state prese; 5. Non le ho mai viste così allegre come oggi; 6. Avete già chiuso il negozio o siete ancora aperti?; 7. Sono andato spesso in vacanza con la famiglia di mia moglie; 8. Probabilmente i tuoi amici sono appena usciti

3. 1. Il direttore è già arrivato / Il direttore è appena arrivato; 2. Paolo e Giulio hanno già mangiato / Paolo e Giulio hanno appena mangiato; 3. È già iniziato lo spettacolo?; 4. Non ho ancora visto l'ultimo film di Salvatores; 5. Mia moglie è già stata in Cina / Mia moglie è appena stata in Cina; 6. Paolo ha già finito di lavorare / Paolo ha appena finito di lavorare; 7. Non avete ancora comprato il libro di Alma Edizioni "Essere o avere"?; 8. Tuo marito è già arrivato?; 9; Non ho ancora mangiato il dolce; 10. Gli ultimi risparmi li abbiamo appena spesi; 11. Per il lavoro che ho fatto non mi hanno ancora pagato; 12. Siete già stati a casa di Michele?

4. 1. Abbiamo sempre letto tutti i libri di Camilleri e anche quelli di Piazzese! 2. Giulia, fin da piccola è sempre andata al mare in Sicilia; 3. Per superare quest'esame hai studiato molto?; 4. Quest'estate non avete studiato e non avete neanche lavorato; 5. I tuoi amici ti hanno sempre aiutato nei momenti difficili / I tuoi amici ti hanno aiutato molto nei momenti difficili; 6. Ho sempre faticato per convincere Mario a venire in vacanza con me / Ho faticato molto per convincere Mario a venire in vacanza con me; 7. Hai speso un sacco di soldi e non ti sei neanche divertita; 8. Sei uscita con Paolo anche ieri sera?; 9. Paolo e Francesca si sono sempre amati / Paolo e Francesca si sono amati poco; 10. Ma cosa succede? Oggi non hai fatto colazione e non hai neanche pranzato; 11. Vi siete sempre comportati in modo corretto / Vi siete comportati in modo molto corretto; 12. Ieri ho cucinato, ho pulito la casa e ho anche fatto la spesa! / Ieri ho cucinato, ho pulito la casa e ho fatto anche la spesa!

5. *Soluzione possibile:* 1. Sì l'ho già letto / Sì, l'ho appena letto / No, non l'ho ancora letto; 2. Sì, l'abbiamo appena fatta; 3. No, non ci sono ancora andata; 4. No, non l'ho ancora preparata; 5. Le vacanze non le abbiamo ancora fatte!; 6. Sì, ne ho già parlato; 7. No, non ci sono ancora passata; 8. L'ho appena visto!; 9. Sì, le ho già prese io; 10. Non ho mai guadagnato molto; 11. Sì, l'ho appena fatta; 12. No, non li abbiamo ancora comprati; 13. Sì, l'ho appena provato; 14. No, con la mia famiglia non le ho mai passate

CAPITOLO 7

1. 1d / 2e / 3a / 4b / 5c / 6h / 7i / 8f / 9g / 10n / 11l / 12m

2. 1. incontrate; 2. letti; 3. comprata; 4. digerito; 5. preso; 6. guidata; 7. studiata; 8. incontrati; 9. visti; 10. visitata; 11. bevuti; 12. comprate

3. 1. L'; 2. L'; 3. le; 4. L'; 5. Li; 6. li; 7. L'; 8. Li; 9. Le; 10. l'; 11. L'; 12. l'

4. 1. li abbiamo comprati; 2. l'hanno bevuto; 3. l'ho presa; 4. li avete mangiati; 5. l'ho ascoltato; 6. le abbiamo visitate; 7. l'ho comprato; 8. l'avete portata; 9. le ho mai fatte; 10. l'hai già comprato; 11. ne ho comprati; 12. le hai ancora pagate

5. 1. l'hanno premiata; 2. li ha scritti; 3. l'ho comprato; 4. li abbiamo sempre visti; 5. le ho pagate; 6. ne hai mangiati; 7. li ha comprati; 8. l'ha regalata; 9. l'ho visto; 10. le hai mai messe; 11. l'abbiamo affittata; 12. le ho mai dimenticate

6. 1. un bacio; 2. i libri; 3. la mail; 4. i vestiti; 5. le amiche; 6. una cosa; 7. i documenti; 8. le vacanze; 9. un segreto; 10. lo stipendio; 11. le pizze; 12. gli amici

7. 1. l'avete comprata; 2. l'hai pagato; 3. li avete avvisati; 4. li hai ancora comprati; 5. l'ho bevuto; 6. ne ho mangiati; 7. li ho ancora letti; 8. li hanno visti; 9. l'ha restituito; 10. l'ho mai preso

8. 1. le ho passate; 2. li ha scritti; 3. l'ha indossato; 4. l'ha cucinata; 5. li ha comprati; 6. l'hai conosciuta; 7. l'avete fatta; 8. li ho pettinati; 9. ne ho bevute; 10. le hanno mai fumate; 11. l'abbiamo visitata; 12. l'avete già letta

9. 1. li ho visto; 2. *frase corretta*; 3. l'avete già ordinato?; 4. non l'ho mangiato; 5. *frase corretta*; 6. l'ha passato; 7. L'abbiamo visti; 8. le hai pagato; 9. l'ha baciata; 10. le hai comprato; 11. *frase corretta*; 12. l'hai fatto; 13. li ho incontrato; 14. *frase corretta*; 15. l'ho visto; 16. le avete ancora mangiato

10. 1. li ho visti; 3. l'avete già ordinata?; 4. non l'ho mangiata; 6. l'ha passata; 7. li abbiamo visti; 8. le hai pagate; 9. l'ha baciato; 10. le hai comprate; 12. l'hai fatta; 13. li ho incontrati; 15. l'ho vista; 16. le avete ancora mangiate

11. le ho visitate, l'hai prenotato, ne abbiamo incontrati, le hai mai viste

12. 1. le abbiamo appena comprate; 2. me li ha regalati; 3. le hai già messe; 4. le hai neanche toccate; 5. li ho ancora lavati; 6. l'abbiamo ancora montata; 7. li hanno guadagnati; 8. l'avete già chiesta; 9. l'ho portata; 10. le avete ancora viste; 11. li ho buttati; 12. le ho ancora presentate

CAPITOLO 8

1. Roberto: sono nato, mi sono trasferito, è venuta, è nata, ha studiato, ha deciso. **Paola e Claudia**: sono nate, sono state, è accaduta, sono andate, hanno vinto, sono ritornate

2. è, ho, Ho, sono, ho, siamo, siamo, abbiamo, abbiamo, siamo, si è, sono, ha, sono

3. 1. sono; 2. è; 3. siamo; 4. avete; 5. sono; 6. ha; 7. hai; 8. sono; 9. sono; 10. ha; 11. siete; 12. hanno

4. 1. ho fatto; 2. siete state; 3. si è pettinato; 4. siete andate; 5. è successa; 6. avete avuto; 7. è sembrato; 8. sono successe; 9. si è vestita; 10. sei rimasto; 11. ho lavorato; 12. siamo usciti; 13. è sembrata; 14. mi sono piaciuti

5. 1. Ho visto; 2. Abbiamo comprato; 3. È uscita, è andata; 4. Sono tornate; 5. Abbiamo lavorato; 6. Mi sono sembrate; 7. Ci siamo annoiate; 8. l'ho sempre guidata io / l'ho guidata sempre io; 9. ci sono bastati; 10. Sono rimasto; 11. Ho fatto, sono uscita; 12. ci è piaciuto; 13. ho ballato; 14. Mi sono persa; 15. non è mai andata; 16. mi è sembrata; 17. Siamo andati; 18. Ci siamo vestite, siamo uscite; 19. hai preso; 20. Ci sono piaciute, hai raccontato

6. 1. Ho mangiato; 2. sono andati; 3. è andata; 4. ha fatto; 5. hanno navigato; 6. hanno fatto; 7. si sono divertite; 8. ha giocato; 9. è successa; 10. siete saliti

7. 1. stato, stare; 2. fatto, fare; 3. detto, dire; 4. visto, vedere; 5. messo, mettere; 6. preso, prendere; 7. venuto, venire; 8. letto, leggere; 9. dato, dare; 10. nato, nascere; 11. corso, correre; 12. scritto, scrivere; 13. perso, perdere; 14. pianto, piangere

8. Angela: 1. Si è alzata; 2. Ha fatto; 3. È uscita; 4. Ha preso; 5. È andata; 6. Ha pranzato; 7. Si è incontrata; 8. È tornata; 9. Ha cenato; 10. Ha visto; 11. Ha letto; 12. Si è addormentata. **Carlo**: 1. Si è alzato; 2. Ha fatto; 3. È uscito; 4. Ha preso; 5. È andato; 6. Ha pranzato; 7. Si è incontrato; 8. È tornato; 9. Ha cenato; 10. Ha visto; 11. Ha letto; 12. Si è addormentato. **Angela e Carlo**: 1. Si sono alzati; 2. Hanno fatto; 3. Sono usciti; 4. Hanno preso; 5. Sono andati; 6. Hanno pranzato; 7. Si sono incontrati; 8. Sono tornati; 9. Hanno cenato; 10. Hanno visto; 11. Hanno letto; 12. Si sono addormentati.

9. è stato, sono stato, siamo partiti, siamo arrivati, siamo partiti, abbiamo dormito, abbiamo mangiato, ci siamo trasferiti, siamo rimasti, siamo tornati, mi sono fermato, hanno continuato, abbiamo conosciuto, ci siamo divertiti, è stato

10. siamo stati, ha chiesto, Ho risposto, mi ha guardato, ha detto, ha sposato

11. sono andata, è stato, ho passeggiato, mi sono fermata, ho camminato, sono salita, sono scesa, mi sono sentita, ho visto, ho sentito, ho sentito, mi sono innamorata, non ho mai pianto, sei nata, sei cresciuta, sei diventata, hai sentito

12. siamo andate, è stata, abbiamo passeggiato, ci siamo fermate, abbiamo camminato, siamo salite, siamo scese, ci siamo sentite, abbiamo visto, abbiamo sentito, abbiamo sentito, ci siamo innamorate, non abbiamo mai pianto, sei nata, sei cresciuta, sei diventata, hai sentito

13. è nata, ha rappresentato, è stata, si è evoluta, è cambiata, hanno avuto, hanno contribuito, hanno imparato, è scomparsa, ha lanciato, ha avuto

14. ho preso, sono andato, è iniziata, mi sono svegliato, mi sono alzato, mi sono fatto la doccia, ho preso, ho controllato, sono uscito, ho preso, ho fatto, è partito, sono arrivato, ho acceso, c'era, sono andato, ho fatto, sono andato, ho parlato, Ho trascorso, ho fatto, ho avuto, siamo andati, abbiamo parlato, sono andato, mi sono addormentato, ho messo

15. mi sono svegliata, mi sono alzata, mi sono fatta, ho preso, ho controllato, sono uscita, ho preso, ho fatto, è partito, sono arrivata, ho acceso, sono andata, ho fatto, sono andata, ho parlato, Ho trascorso, ho fatto, ho avuto, sono andata, abbiamo parlato, sono andata, mi sono addormentata, ho messo

16. 1. mi ha telefonato; 2. *frase corretta*; 3. è accaduto; 4. *frase corretta*; 5. si sono divertito; 6. ha piaciuto; 7. *frase corretta*; 8. ha successo; 9. *frase corretta*; 10. mi ho vestita

17. 1. mi hanno telefonato; 3. è accaduta; 5. si sono divertiti; 6. è piaciuta; 8. è successa; 10. mi sono vestita

18. 1a. sei stato, 1b. ha abitato; 2. a - vi siete svegliati, b - svegliato; 3. a - è rimasto, b - ci sono rimaste; 4a. sono piaciute, 4b. mi è sembrata; 5a. ho mai preso, 5b. hanno fatte; 6. a - sei passata, b. - ho passato; 7. a - hanno pagato, b. - ho pagato; 8a. avete provato, 8b. abbiamo mangiato; 9a. hai fatto, 9b. ho trascorse; 10. a - si sono arrabbiati, b. - si è arrabbiata; 11. a - è diventata, b. sono diventati; 12a. si è divertita, 12b. ci siamo annoiati

19. *Soluzione possibile*: **Stefi** si è svegliata, ha preso, si è fatta, si è pettinata, ha letto, ha preso, è andata, ha acceso, è entrata, ha mangiato, ha bevuto, ha fatto, ha giocato, è uscita, è andata, ha bevuto, ha cenato, è tornata, ha letto. **Chiara** si è svegliata, ha fatto, si è lavata, ha navigato, ha preso, è andata, ha spento, è entrata, ha mangiato, è andata, si è incontrata, ha chattato, è andata, ha mangiato, ha cenato, è andata, è tornata

20. 1. È nato; 2. Ha inciso; 3. Ha fatto; 4. Ha conosciuto; 5. è nata; 6. è morto; 7. si è sposato; 8. è vissuto / ha vissuto; 9. Ha scritto; 10. Ha venduto

21. li ho fatti, ne ho fatti, sono stata, Sei dovuta, sono dovuta, è caduta, è fatta, ha preparati, ho sentito, ha scritto, ha avuto, hai registrati, sono dimenticati, ho registrati, ho potuto, abbiamo fatto

22. è successa, ho trovato, ci siamo guardati, ho mai avuto, c'è stato, è sembrata, sono bastati, c'è stata

23. 1. il giornale, letto; 2. I libri, letti; 3. Il libro, letto; 4. Il film, visto; 5. I film, visti; 6. La torta, mangiata; 7. Le torte, mangiate; 8. Le biciclette, comprate; 9. La bicicletta, comprata; 10. Le feste, fatte; 11. Il viaggio, fatto; 12. I viaggi, fatti

24. è piaciuto, è piaciuta, è sempre piaciuto, sono sempre piaciuti, abbiamo messi, abbiamo fatto, abbiamo visto, abbiamo letto, abbiamo passato, ci siamo fatti, è sempre stata, abbiamo ascoltata

25.

RIGA	FORMA CORRETTA
1	~~sei~~ hai scoperto
2	~~sono~~ hanno rispettato
7	~~ho~~ sono nato
8	~~ho~~ sono stato
11	~~sono~~ ho compiuto
12	~~sono~~ ho conosciuto

RIGA	FORMA CORRETTA
15	~~ha~~ è iniziata
16	~~sono~~ ho conosciuto
17	~~è~~ ha insegnato
21	~~ho~~ sono andato
22	~~ho~~ sono andato
23	~~ho~~ sono rimasto

26. è stata, ci sono state, hanno votato, hanno scelto, hanno dato, ha scritto, ha vinto, è finita, è nata, ha cambiato

27. **Il nonno**: mi sono svegliato presto, mi sono vestito, ho bevuto un caffè, ho preso l'autobus, sono passato in chiesa, sono andato a votare, ho incontrato un amico, ho votato per la Monarchia, sono tornato a casa, ho parlato con moglie e figli, ho litigato per il voto, mi sono arrabbiato molto, sono andato a dormire presto.
La nonna: mi sono svegliata presto, ho preparato il pranzo, ho fatto colazione, mi sono vestita, ho preso l'autobus, sono passata a casa di un'amica, sono andata a votare, ho incontrato tre amiche, ho votato per la Repubblica, sono tornata a casa, ho parlato con marito e figli, ho litigato per il voto, ho festeggiato

28.

RIGA	FORMA CORRETTA
1	~~Ha~~ È venuto
4	~~Ho~~ sono stato
8	è ~~sembrato~~ sembrata
12	~~ha~~ è accaduto

RIGA	FORMA CORRETTA
15	~~ho~~ sono goduto
16	mi ~~è~~ sono divertito
22	~~ho~~ sono chiesto
23	~~hanno stato~~ sono stati

29. sono nato, ho visto, ho sentito, sono cresciuto, hanno deciso, ho mai avuto, ho imparate, ho fatto, mi sono calmato, ho cominciato, Ho frequentato, ho avuto, Mi sono laureato, ho vinto, ho cominciato, ho frequentato, ho imparato, è mai entrata, ho capito, mi sono trasferito, ho lasciato, ho frequentato, ho cominciato, ho ripreso, ho iniziato, è stato, ha superato, ho scritto
30. è nato, è nato, ho insegnato, ha spinto, ci siamo laureati, è stato, sono state, hai incontrato, abbiamo cercato, ha offerto, ho coinvolto
31. è nata, ha iniziato, si è trasferita, è emersa, ha fatto, ha vinto, è diventata, ha trionfato, Ha scritto, ha dato
32. è nato, è stato, Ha iniziato, l'ha terminata, È stato, ha scelto, Ha vinto, è stato
33. è rientrata, Ha concluso, ha osservato / i, ha visto, è sembrato, sono stati, sono stati, è pesato, ho affrontato, ho vissuta, Ha sperimentato, è stato, abbiamo cercato, è riuscito, ho avuto, ho viaggiato
34. ha vinto, l'ha realizzata, ha partecipato, si è svolto, hanno partecipato, ha trovato, ha creduto, mi sono formata, mi sono diplomata, è andata, ha rifiutato, è stato, ho frequentato, ha superato, ha premiato, ho utilizzato, ho preferito